自治領時代カナダの政治と日本人移民

サヴェリエフ・イゴリ 著

御茶の水書房

謝　辞

本書は、独立行政法人日本学術振興会の令和元年（二〇一九年）度科学研究費補助金（研究成果公開促進費）学術図書（課題番号：19HP5103）の助成を受けて刊行したものです。科学研究費（基盤研究B）および研究成果公開促進費（学術図書）にて研究の支援をしていただいた日本学術振興会に感謝の意を表したいと思います。

丁寧に本書の原稿のネイティブ・チェックを行っていただいた宮崎千穂氏、佐々木ちひろ氏、ミグリアーチ慶子氏に心よりお礼を申し上げます。

尚、引用文中の著者の注は［――I・S・］で記した。

二〇一九年七月

サヴェリエフ・イゴリ

自治領時代カナダの政治と日本人移民　目次

目次

自治領時代カナダの政治と日本人移民

序章

アジア・太平洋地域の時代としばしばいわれる二一世紀において、最新技術の導入により加速してきた世界の経済発展の中心地がアジア・太平洋地域に移りつつある。一五〇〇年前、長い鎖国政策の時代が終わり、東アジア諸国は、形づくられつつあった世界システムの一環となり、列強との交流に際し失敗と成功を繰り返しながら、新しい顔をもつようになった。一九世紀末から二〇世紀初めの激動の時代の日本は、日清戦争と日露戦争に勝利し、列強の一員となった。一八九〇年代半ばには不平等条約が改正され、イギリス、アメリカ、フランス、ロシアなどの国との関係が発展して貿易が拡大し、日本の人口密度は著しく高くなっていた。何十万もの日本人が海外での雇用や経済活動の可能性を探り始めていった。東アジアの人々の海外移住は、アジア・太平洋地域の新しい経済圏形成の一環であったと言えよう。榎本武揚が夢にみていたメキシコでの「新日本」の創設構想は理想に過ぎなかったが[1]、明治末期にアメリカ合衆国の西海岸、ブリティッシュ・コロンビア州（以下ＢＣ州と略する）に渡った日本人はその地域の経済発展に積極的に貢献し始めた。しかし、当地域の主流社会は異なる文化的背景を持ったアジア人の受け入れについて消極的であった。アメリカ合衆国における活発な日本人排斥運動と比べ、ＢＣ州とカナダ連邦政府では、日本人の受け入れと雇用に関する見解がより多様であり、日本人の地域社会の構成員としての平等な権利を否定しようとする一方で、日本とカナダの宗主国イギリスとの関係を重視しながら、長年にわたり日本人の受け入れについて議論されていた。

こうした議論によって、カナダの地方と中央の政治も自身に身の振り方を問いかけることになった。また、文化が異なる東アジアとの交流や貿易が拡大し、アジア・太平洋地域圏が形成されつつある中で、日本人移民は、東部カナダから遠く離れたBC州のグローバルな市場への参入や地域アイデンティティ形成の重要なアクターであったのではないかと考えられる。急増しつつあるアジア人移民は、アジア・太平洋地域諸国の国境の構築及び法的活動に大きな影響を与えていた(2)。

本書では、これらのことを前提とし、日本人の受け入れと雇用の問題を議論したカナダ人政治家の人物像を描きながら、カナダにおける地域アイデンティティ形成、政府と個人、交渉と外交の観点から日本人移民を分析し、BC州における日本人の社会統合の問題がカナダの地方と中央の政治に如何なる影響を与えたかを明らかにする。「帝国」とは何か。また、BC州という自治領カナダという巨大な「帝国」の小さな行政単位は、何故帝国の政治家の注目を集め、国際関係を大きく揺るがせたのであろうか。日本の近代化の現れの一つである国際移住の活発化によりカナダに渡った日本人は、経済成長を遂げたBC州の発展に貢献したにも関わらず、アングロ・サクソン文化を強く守り、異文化の受け入れを認めない西海岸の社会から排除されていた。しかし、日本との不平等条約を改正し、一九〇二年に同盟国となったカナダの宗主国イギリスは、東アジアの大国日本を重要な相手国として見ており、日本人移民の排除問題の解決を望んでいた。その矛盾が地方と中央、自治領と宗主国の利害関係にどのように現われたか、大英帝国の存続を如何に問うたのかを究明することが、本書の目的である。

第一章は、BC州の異民族間における関係の形成、経済成長、州と地方の関係の特性の観点から見た日本人および中国人と主流社会との接触のあり方について論じる。BC州は、イングランド生まれの人口の割合が大きい一方で、太平洋への窓口であることから数多くの東アジアからの人々の移住先にもなっており、その二面性が州のアイデンティティを形成していたと考えられる。第二章は、アジア人移民をめぐる論争を通じて、カナダ政治が成立する過程で政治主体の法案立法化、徴税などの権限が分離されるプロセスを明らかにし、様々なレベルによって異なる見解の衝突及び利害の対立について明らかにする。移民をめぐる交渉システムは、複数の当事者からなる多重構造であった。ジェイムス・ダンズミア（James Dunsmuir）、サー・ウィルフリド・ローリエ（Sir Wilfried Laurier）などのヴィクトリアやオタワの政治家がこれらの問題を機にカナダのあり方、帝国の構想などを問いかけることになったと思われる。第三章は、アジア・太平洋地域の国際政治を背景に、異民族関係の緊張がピークとなったバンクーバー暴動事件及び日本人排斥運動をめぐる政治家の論争を検討する。そして、ローズヴェルト・アメリカ合衆国大統領がこの事件を機にアメリカとカナダとの合同行動を納得させる案をいかに提供したかについて究明し、当時の林外務大臣と交渉を行ったロドルフ・ルミュー（Rodolphe Lemieux）やサー・クロード・マクドナルド（Sir Claude MacDonald）大使との関係の複雑さが証明する大英帝国の構造的変化、カナダの宗主国イギリスと日本、アメリカ合衆国との関係の発展及び同盟締結との関連を検討する。終章では、主に連邦、自治領、帝国の概念について、西海岸の異民族関係の問題を通じて、自治領時代のカナダの政治体制の各レベルでの議論を明らかにする。

日本人がＢＣ州に渡ったことがきっかけとなり、バンクーバーには日本領事館が設置された。そこに勤務していた領事の報告などの文書は数多く残っており、日本外務省外交史料館で保存され、『日本外交文書』という史料集としても刊行されているため、在加移民に関する研究は積極的に行われている。本書は、それに加えて、主要な史料として、イギリス外務省の外交文書、労働兼逓信大臣ロドルフ・ルミューをはじめカナダ人政治家の文書、カナダ下院の議事録、ＢＣ州の公文書、日本外交史料館の史料、『日本外交文書』、『デイリー・コロニスト』などのＢＣ州の新聞などを用いる。『日本外交文書』に収録されている在バンクーバー領事の報告の多くは、現地の新聞に基づいているため、現地の新聞を参考にすることも重要である。日本外交史料館の史料及び『日本外交文書』は、史料として頻繁に使用されているが、イギリス外務省の外交文書は使用されていないものが多く、さらにカナダ下院の議事録はいまだ十分に分析がなされていない。このカナダ下院の議事録を通しては、移民の受け入れ国の政治家の見解が多様であったことを理解することができる。

「西部の向こうの西部」(West beyond the West)[3]と呼ばれるＢＣ州の現況と歴史を概観する移民受け入れ当時の書も、一八九〇年代には州の人口の四分の一を占めていた東アジア人の在住者について取り上げている。例えば『ＢＣ州――初期から現在まで』は、中国人の割合、分布、役割を明らかにし、その多数が広東省出身であったとしている。[4] 二〇世紀初頭のアングロ・サクソン文化の保持、カナダとブリティッシュ・ワールド（British world）との精神的な繋がり、フランス系カナダ人との関係などを研究の対象にしているフィリップ・バクナー（Philip Buckner）編の『カナダとブリティッシュ・ワールド』(*Canada and the British World*) は、カナダ人のアイデンティティを多面的に問い直している。[5] ＢＣ州、とくにバンクーバー島を大英帝国の「海洋基地」(sea bases) のシステムの一部として見るＪ・Ｆ・ボーシャー（J.F. Bosher）は、同州と東部カナダとのアイデンティティの相違について究明しようとした。[6] これらの研究の成果を踏まえて、本書では、ＢＣ州のアジア人移民問題がこれらの議論においてどのように位置づけられるのかという問いにこたえることをめざしている。

現地の新聞、議会の議事録などに基づいたカナダ人歴史家の研究は、第二次世界大戦時の日系人の強制移住、一九〇七年のバンクーバー暴動事件、反日運動などの悲惨な出来事に着目するものが多く、民族差別にさらされる環境で成長してきたコミュニティとして日系人社会を描くことが多い。ＢＣ州社会と中国人と日本人移民との関係を分析したパトリシア・Ｅ・ロイは、政治学の視点から中国人と日本人移民の問題を捉え、一九世紀半ばから始まったその議論の発展を追跡し、アジア人移民との競争が数名の煽動者と労働者の活動から幅広い社会層に普及した結果、それが移民に関する恐怖感に発展し、同州のアイデンティティの一部となったことを示している。ロイは、その地域の白人社会は、異なる人種としてアジア人移民に憎しみを示したというよりも、当時西洋社会に支配的であった「白色人種の優越性」(white supremacy)の思想を反映していたと述べている。[7] その優越性のイデオロギーと、雇用者にとって低賃金に満足していたアジア人移民との経済競争という二つの側面が複雑に絡み合ったということが、ロイの主たる結論である。ロイは、二〇世紀後半までのカナダの政治におけるアジア人移民の問題を概観し、二〇世紀初頭のBC州政治を現地の新聞など多様な資料の分析に基づいて論じた。本書では、ロイの"A White Man's Province"で研究対象とはなっていない、BC州とカナダ自治領との論争、連邦の政界での議論に着目していきたい。

第二次世界大戦期の強制移住を中心に日系社会の歴史を概観したケン・アダチは、初期における日本人移民の奨励から彼らとの対立への過程を描き、敵対的な意識の中で成長していった日本人コミュニティの特性と第二次世界大戦期の体験について語っている。[8] 第一章で日本人移民の初期を描写した彼は、事例研究により、日本人移民の先駆者たちの流動性を究明し、日本人の雇用パターンと生活環境を明らかにしている。

あらゆるレベルで交渉が行われる契機となったバンクーバー暴動事件は、日加両国の研究者に注目されている。暴動事件の経過、その直後の捜査とBC州政治への影響を詳細に分析したホワード・スギモトは、その後の交渉などを概観し、その事件の主要な原因が一九〇七年夏の日本人の急増であったと結論付けている。[9]『日本外交文書』や現地の日本語で刊行された新聞などの資料に基づいた飯野・高村の論文は、その事件の経過と背景を概観し、米国の排日運動との関係について明らかにし、「バンクーバー暴動はさして深刻なものではなく、カナダ政府の迅速な損害賠償措置により、この事件は短期間のうち終結を迎えた[10]」という結論に達した。

さらに、飯野・高村は、「ヴァンクーヴァ暴動からルミュー協約へ——日加間の交渉とアメリカ政府の働きかけ」において、ロドルフ・ルミューの東京での交渉に着目し、一年以上継続していたアメリカのサンフランシスコ学童隔離事件をめぐる日米交渉と比べ、「カナダの対日交渉の方が早い結末を見た」理由として、(1)アメリカの「日韓人学童隔離令という公的差別であったのに対し、カナダの場合は、『一般の人々による日系人街襲撃騒ぎ』であった」こと、(2)権限は連邦政府が掌握していたこと、(3)日英同盟と日英通商航海条約の存在、(4)能勢総領事との約束を強化する必要のあったこと、という四つの要因を取り上げ、日本人移民排斥運動の研究に大いに貢献している[11]。本書で用いるイギリス側の外交文書、ルミュー文書などは、飯野・高村が指摘する四つの要因を見直す余地を与えるのではないかと思われる。

最も立体的に日本人移民問題をめぐる日加外交を描いたアメリカ人歴史家のロバート・ジョーセフ・ゴーウェンの博士論文「一八九五～一九二二年の日加関係——移民と貿易の諸問題——」[12]が学術図書として刊行されていないことは残念に思われる。これまで林・ルミュー交渉、日加外交などの分析に当たって数多くのルミュー文書を使用したのは、ゴーウェンのみである。三〇年間の日加関係の展開を分析した彼は、日加の初期交流史からはじめ、一九二〇年代初頭までの両国関係史を分析し、カナダ企業の日本市場への進出を「神話」として位置づけ[13]、一九〇七年のバンクーバーの暴動事件とルミューの東京での交渉を第一と第二の「外交危機」として評価している。ゴーウェンは、初めてルミュー、ローリエなどの多くのカナダ人の政治家の書簡などの文書を用い、東京での林・ルミュー交渉の経過を詳細に分析している[14]。本書では、イギリスの史料を使用することによって、その交渉のそれぞれの当事者の行動と考えをある程度見直すことができるのではないかと考える。

経済分野ごとに在加日本人移民の活動を論じる研究がある。日本人が行ったニシン漁業の歴史を中心にした河原典史[15]は、一八九〇年代から始まったフレーザー河、ヴィクトリア島などの日本人漁師の活動とその変化に伴う州内の再移住について説明し、BC州での日本人の漁業を環太平洋地域の漁業の一環として分析している。

BC州史の文脈でアジア人移民の差別待遇に関する先行研究の成果を簡潔に取り上げたブリティッシュ・コロンビアの戦後の歴史家ジーン・バーマン（Jean Barman）は、「何故主流社会がこんなに激しくアジア出身の人々に対して反抗したのか歴史家は不思議に思っている[16]」と述べている。確かに、多文化主義政策が導入された時代に教育を受けた歴史家から見れば、二〇世紀初頭の激しい反アジア人運動を異常なものとしてしか受けとめることができなかったであろう。

本書は、日本学術振興会の科学研究費助成事業「自治領時代カナダの国家アイデンティティ形成における日本人移民、一八六七－一九一四」（基盤研究B）の研究成果である。イギリスの外交文書、カナダ下院議事録、カナダ人政治家の文書、BC州政府のカナダ政府への書簡などの資料の分析に基づいて、二〇世紀初頭における在加日本人受け入れ問題及び大英帝国の構造の質的変化に新しい光を当てることができるではないかと思われる。

第一章　ブリティッシュ・コロンビア州のアイデンティティ形成と日本人移民

歴史家はBC州、とくにバンクーバー島の歴史をカナダ史の一部として説明しがたく感じている。

J・F・ボーシャー[17]

アメリカ合衆国との対立により生まれ、イギリスの保護の下で発展した巨大な自治領カナダは、毛皮貿易を通して先住民との関係を築き、また、フランス系移民との対立を乗り越える道を探りながら、一六世紀以降多くの国から移民を受け入れてきた。一八六七年、現在のカナダに当たる植民地が連邦の形態で統合されることになった。四年後の一八七一年には、西部にあるブリティッシュ・コロンビアは、連邦に加入し、一八七〇年代から一八八〇年代の半ばにかけて建設されたカナダ太平洋鉄道(Canadian Pacific Railroad, CPR)により人口が比較的に多い連邦の東部と繋がった。その後、カナダ西部は、太平洋に面しているために、次第に太平洋の交易圏に入っていった。太平洋の彼方にあった東アジア諸国との貿易や人の移動が発展してくることは予測できることであっただろう。本章では、カナダ東部から離れており、太平洋地域の一部となっていたBC州の特徴を明らかにしたうえで、同州での日本人移民がどのように見られていたのか、BC州社会の様々な階層が日本人移民とどのように接触していたのかをについて究明する。また、日本人は、同州の開発においてどのような役割を果たしてきたのか、何故その州に発生した反日運動はアメリカの排斥運動と異なる経緯と性質を持ち、異なる結果をもたらしたのかについて再検討する。経済が順調に成長していたBC州では、イギリスをモデルとして、政治システムが徐々に発展していた。その過程において、東アジア文化と人の受け入れが地域政治の重要な問題となり、そしてそれはイギリス文化を中心としているBC州のアイデンティティ形成おいても重要な要因であったと言える。

第1節　太平洋の「小さなイングランド」

――ブリティッシュ・コロンビア州のアイデンティティ形成と地方政治

北米大陸の北部に移住しようとした日本人が実際に辿りついたのは、「小さなイングランド」であっただろう。日本からカナダへの移民の九割が渡ったBC州は、太平洋に面し、入植の歴史の長い東部から離れているという地理的要因により、特色のあるイギリスの北米の殖民地の一つとなっていた。一八七〇年三月にBC州議会が可決した連邦への加入も他州より四年も遅れて実現され、その加入意義自体にも不安を抱えた州の住民の四分の三がイギリス生まれであった。[18] ボンベイ、キプロス、ジブラルタル、香港、マルタなどからなる大英帝国の島基地（island bases）のシステムの一環であったバンクーバー島は、主に海洋ルートにより直接イギリス諸島から入植が行われた。さらに、BC州にはカナダの東部のようなフランス系入植者およびアメリカ合衆国から流れた王党派（loyalists）もいなかった。[19] また、隣接しているカナダ草原部（Canadian Prairies）[20] の入植は、毛皮貿易を維持するため、二〇世紀初めまでハドソン湾会社（Hudson's Bay Company）[21] によって制限されていた。[22] 僅かでありながらBC州に渡っていた者には、二〇世紀に入っても、イングランド出身者の割合が絶えず大きかった。[23] BC州について「隠遁した小さなコミュニティのある各谷は昨日まで外の世界から孤立した特殊な州である」[24]とは、住民自身の表現である。それぞれ孤立したコミュニティから構成されている同州は、さらに連邦からも孤立しているという特徴をもち、それが住民のメンタリティを表し、必然的に外来者に対する態度にも強い影響を及ぼしていた。こうして、同州の住民は、「商業と貿易の関係により共有するイギリス文化への帰属意識で統一された」[25]ブリティッシュ・ワールド[26]の構成員であるという意識を持ち、自然に恵まれたこの地域で「小さなイングランド」を築こうとしていた。仮に独立したまま存続していれば、その州は宗主国（the mother country）の制度をモデル[27]とした政治体制を整え、自治領カナダとは異なる道を歩んだであろう。イギリスの様式で建てられ、州の首都ヴィクトリアの中心地に位置する議事堂はその象徴の一つである。

こうして、ロッキー山脈とカナダ草原部という地理的要因に限らず、入植の形態、人口構成に見られる特徴により東部カナダとの距離感をもったBC州には、独自の発展の展開が見られ、政治においてイングランドへの忠誠を基盤としたネイティビズムが進展してきた。一八九九年にカナダ議会で演説したヴィクトリアを代表するイングランド生まれの下院議員E・G・プライヤー（Edward Gawler Prior）は、「大英帝国を構築し、イギリスの諸制度を永続させる者をカナダに入植させるのが我々の目的であるべきだ[28]」と述べている。鉱山技師から州首相までキャリアを積んだ彼は、典型的な入植者ではなかっただろう。学歴のないイングランド出身者がカナダへの移民の大部分を占めていた[29]時代には、専門知識を有する者の社会昇格は早かったと考えられる。同時に、そうした者は、一般の入植者に対して影響力を有し、彼らの見解を代表したであろう。プライヤーは、東アジア出身の移民に限らず、中国人、日本人並びに中欧・東欧・北欧からのガリシア人、ロシアのドゥホボール教徒、フィン人などの流入を妨げるべきだとしていた。[30] 彼は、「よい家を持ち、よい服を着、小遣いをポケットに入れる」アングロ・サクソン系カナダ人の生活様式が、ガリシア人、ドゥホボール教徒などにより壊されるだろうという懸念を示し、彼らよりもフランス人の入植を奨励すべきだとした。プライヤーは、移民を分類し、本研究の対象である日本人のみならず、中欧・東欧・北欧の排除すべき移民のカテゴリーを明らかにした。純粋なアングロ・サクソン社会としてBC州を見ていた彼は、連邦政府がイギリス諸島（British Isles）からの移民を奨励することを理想として提案していた。[31]こうして、「政治的にカナダの一部でありながら、感情的にカナダの外部のままである」[32]BC州は、連邦の中でも独自の道を歩もうとしていた。

「長年カナダと陸上における繋がりが薄く、独立した植民地としての起源を持っていた」[33]BC州は、連邦との関係を脅かすもう一つの要因を持ち、勢力圏を拡大していく南の隣国アメリカ合衆国からも強い影響を受けていた。カナダを「英米両帝国下の植民地」として定義した木村は、「サンファン島（San Juan Island）での米加間主権紛争」[34]が発生し、一八六〇年代末にアメリカとカナダの間で緊張が長らく続き、世紀転換期には国境をめぐる争いもあったが、隣国に憧れたBC州の一部の住民が合衆国編入を希望していたと指摘している。オタワから遠く離れた西部地域は、とくにアメリカから圧力を受けやすかったと考えられる。中央からの距離とアメリカの軍事行動を懸念した連邦政府は、BC州がアメリカの勢力圏に入ることを恐れ、[35]横断鉄道の建設を急いだ。二〇世紀初頭、アメリカの影響は、異民族間関係を大きく左右したと考えられる。

一八八五年のカナダ太平洋鉄道の完成により連邦の物流システムに組み込まれたBC州は、急速な経済発展を遂げた[36]と同時に自治領の構成員として連邦への徴税義務を持つようになり、自治領の法律の基盤となる英領北アメリカ法令（British North America Act）に合せて政治・経済体制を整備するようになった。横断鉄道の建設がモダニティの表れか州の政治的自由の縛りのどちらであったのかは、BC州の住民の意見がある程度分かれていたであろう。

世界中で鉄道建設が地域発展に大きな影響を与えてきたように、カナダ太平洋鉄道の運行が始まった一八八五年から一九一四年までの約三〇年間にBC州の経済が著しく成長し、都市化が進んだ。人口は三倍に増え、一九一四年に四〇万人となった。太平洋鉄道が完成された一八八五年以降は、商港が建設され、漁業、鉱業、木材伐採業という三分野を中心に経済が大きく発展した。[37] 成長していく企業が求めていた石炭は、バンクーバー島のナナイモ(Nanaimo)、州南部のクーテネイ（Kootenay）などの地域で採掘されるようになった。その地域の入植者は、主に交通ルートに沿って居住していた。[38] さらに、拡大していく州の漁業の売上は、一九〇〇年にカナダ全体（七六、四四七カナダドル）の五分の三（四万五八〇一カナダドル）に達してきた。[39]

こうして、資源で恵まれ、経済発展を遂げた太平洋の「小さなイングランド」は、連邦からある程度孤立し、アメリカの影響を受けながら、進む道を探っていた。しかし、労働力不足に悩んでいた企業は、連邦の中央と鉄道で繋がったことから、国内からのヨーロッパ系、とくにイギリス系の労働者の増加を期待したにも関わらず、東部からの労働者の移住はほとんどなかったと言える。[40] 新しい労働力資源は必要不可欠であった。

第2節　BC州の日本人移民

BC州の経済構造の中核であった鉱業、漁業、木材伐採業の発展および、同州を東部と繋いだ横断鉄道の完成は、地域の大きな潜在的可能性を開拓しようとし、それらの事業に関する知識を持つ職人と労働者を求めた。しかし、国内労働力の構造から人材の導入を期待できない現況で、東部からの移住もなかったことから、他の地域から移民を受け入れる必要性に直面した。太平洋の彼方にあり、人口が過剰となっていた東アジア、とくに中国と日本は重要な労働資源の在りかとみなされた。中国人と日本人は、労働と知識を提供し、勤勉さや忍耐強さという特質を持っていた。

一八六〇年代からは中国人、一八七〇年代末からは日本人の姿が同州にみられるようになった。大きな人口の過剰がみられた明治時代の日本政府は、一八九〇年代まで海外移住を制限していたが[41]、一九世紀末には、不平等条約の改正、貿易と外国との交流の拡大と共に海外移住事業を民間業者に任せ、奨励し始めた。既述したとおり、海外に「新日本」を創設するという計画もあった[42]。本節は詳細に在州日本人社会の歴史を分析することを目的とはしないが、中国人の流入と活動という背景を踏まえたうえで、日本人コミュニティの特性を取り上げる。

ゴールド・ラッシュで動揺したカリフォルニア州などから移り住んだ中国人は、一八六〇年代半ばからBC州に定住し、鉄道と道路、通信設備、港、運河、ダムの建設などはその活躍の場となった[43]。そこは異質の文化を代表しており、労働の場や社会統合において、困難と葛藤をもたらす要素が多く、主流社会からは隔離された形態で存続していた。このような接触の形が中国人の活動の場を狭めたとは言え、彼らは急速な発展を経験していく分野で歓迎され、活動の場が与えられていた。一八七〇年に一五〇〇人のみであった中国人コミュニティが一八八〇年代初頭に一万七千人以上にまで急増した主要な原因は、カナダ太平洋鉄道の路線の建設であった[44]。その工事に従事する中国人労働者の一万五千名は、一八八〇年から一八八四年までの間にヴィクトリア港に到着し、同州の労働市場に入った[45]。しかし、鉄道の建設に際しては労働力が求められていたにもかかわらず、BC州立議会は、一八七八年に既に中国人の追放を目的として、労働者が髪の毛を五・五インチ以上長くすることを禁ずる決議案を採択し[46]、アジア人を排除する運動が始まった。

労働力を求める企業と白人労働者との対立は、多様な形態で発生してきた。そのうち、BC州の政治に影響力をもったダンズミア家の事例はとくに重要だと思われる。父のロバート・ダンズミア（Robert Dunsmuir）からウェリングトン・コリアーズ（Wellington Colliers）などの鉱山を受け継いだジェムズ・ダンズミア（James Dunsmuir）[47]とい

バンクーバーの中華街、著者により撮影。

う同州の最大の実業家は、白人従業員の中国人雇用反対のストライキがあっても、人件費削減のため、中国から招いた数多くの中国人を雇用していた。ロバート・ダンズミアが創立したBC州の最大の複合企業は、労働条件を重視したもう一社のバンクーバー・コアール・アンド・ランド・カンパニー（The Vancouver Coal and Land Company）と大きく異なり、労働者の賃金を最低限にし、労働者を水道もない住宅に住ませ、人件費を含め経費削減を優先し、中国から直接誘致した労働者を奴隷のように取り扱っていた[48]。職場の安全を無視していたダンズミアの鉱山では、頻繁にガス爆発などの事件が起きていた。ある事件で死亡した六八人の鉱山労働者のうち、三七人が中国人であった。その際、中国人は、爆発の原因であるとの疑いをかけられて鉱山から追放される運動も起こるなど、中国人雇用をめぐる緊張状態は継続していた[49]。しかし、このような運動があったにも関わらず、人件費の節約を優先していたダンズミアは中国人を雇用し続けた。

後に州議会議員、州首相、さらには州総督になったジェムズ・ダンズミアは、日本人、中国人の受け入れに際して主要な役割を果たしたのみならず、下記に明らかにするように、彼の存在自体が、日本人、中国人のＢＣ州社会での存続を左右した。

ＢＣ州において中国人とアングロ・サクソンなどのヨーロッパ系住民との接触には様々な側面があり、例えば、他の民族が子供も大人も中国人の店舗を訪れ、[50]春節祭のような行事でお互いの文化を体験することはあったが、中国人が職場で差別的待遇を受けることは一般的であった。バンクーバー、ヴィクトリアなどで形成された中華街は、主流社会から隔離された閉鎖的なコミュニティ空間となった。

一八六〇年代末から既にみられた中国人への偏見は、一八八五年のカナダ太平洋鉄道の完成に伴って、元鉄道建設労働者の居住形態が集住型から雑居型に変わったことによりさらに激しいものとなった。異民族間における葛藤が多くみられるようになり、中国人の入国及び雇用を制限する法案が提出され、移民制限は連邦政府のレベルで頻繁に検討されるようになった。その結果、連邦政府により任命されたサー・Ｊ・Ａ・チャプルー（Sir Joseph-Adolphe Chapleau）カナダ下院議員が率いる委員会が在住中国人の実態を調べることとなった。[51]異質な文化が社会に及ぼす影響を最低限に止めようとする措置は、五〇ドルの人頭税を導入する中国人移民法令（Chinese Immigration Act）として現われた。[52]残留中国人の多くは、日常的にゼノフォビアにさらされ、帰化できず、結婚もできない状態でＢＣ州に居住していた。プライヤー議員[53]は、一四年後のカナダ下院の議会で、中国人は白人が納得できない低賃金で働き、カナダの銀行を通じて稼いだお金のほとんどを香港へと送っていると指摘し、カナダの資本が中国に流出していると主張した。[54]中国人労働力は中国人移民法令によって打撃を受けた。その結果、新しい人材が求められ、日本から直接あるいはハワイ経由でカナダに渡っていく移住者の渡航が歓迎されることとなった。アメリカ合衆国が北米西海岸の移

表1－1　居住地別の在BC州日本人の分布、1901年12月31日

都市、エリア	人数	都市、エリア	人数	都市、エリア	人数
バンクーバー	671	クーテネイ	54	シ・シ・アル・ルート	58
ヴィクトリア	136	ユニオン・マインズ	199	BCランチェス	403
西ウェストミンスター	318	ソルトスプリング	40	マウント・サイセス	49
スティーブストン	417	カリブー	69	ドーソン	53
ナナイモ	36	チェミヌー	83		
スキーナ・リバー	114	リバー・インレット	22	Total	2,722

出典：日本外務省外交史料館、3-8-2-20、3109頁

住システムの中核的位置を占めていたことにより、BC州は辺境地としてトランジット・ポイントの役割を演じるに過ぎなくなったと思われる。

飯野・高村が指摘しているように、バンクーバー・横浜間の定期航路の開通は人の移動を促進した。その移民のほとんどは、出稼ぎ型で、北米に定住する計画がなかったが[55]、次第に住み着く者が多くなった。一九世紀後半に開かれた定期航路は、鉄道と同様に、革新的インフラの一環として、当時の経済の成長を促す要因となり、人の生活、また人の移動のパターンを大きく変えたと思われる[56]。日本の外務省通商局の統計によると、一八九八年に一一五一名、一八九九年に一七二六名、一九〇〇年に二七一〇名がカナダへ向かって日本を出港したが[57]、その大部分はカナダを経由してアメリカに渡ろうとしていたと考えられる。

在バンクーバー領事は、日本人の入国が急増した一八九一年より一九〇一年までの八九九八人の日本人移民の大部分がアメリカに再移住したと報告している。そのうち、一九〇一年には一七〇六人、一九〇二年には八九五人[58]の日本人が定住する目的をもたず、ハワイを経由してカナダに渡り、さらにアメリカに再移住したと説明し、カナダ側とのやりとりを続けていた[59]。国勢調査によれば、一九〇一年の定住者数は、四七三八人でしかなかった[60]。そのうち、二七二二人がカナダに残留し、後に定住した日本人の九割がBC州に留まっており[61]（表1

表1－2　カナダへ入国した日本人の総数（1900-1917年）

年	総数	年	総数
1900-1901	6	1909	244
1901-1902	—	1910	420
1902-1903	—	1911	727
1903-1904	—	1912	675
1904-1905	354	1913	886
1905-1906	1,922	1914	681
1906-1907	2,042	1915	380
1907-1908	7,601	1916	553
1908	858	1917	887

出典：Roy, Patricia E. *A White Man's Province: British Columbia Politicians and Chinese and Japanese Immigrants, 1858-1914.* Vancouver: University of British Columbia Press, 1989. Appendix I.

―1参照）、ＢＣ州の在住者総数はさらに多かったものと思われる。アルバータ州などの他地域に渡った者は少なかった。

一九〇〇年以降、日本政府は自主的にカナダへの渡航を制限し、それを最低限に止めるようにしたことにより、[62]しばらくの間、日本からの入国者は減少した。一九〇四年まではバンクーバーとヴィクトリアにはカナダの移民局の支部がなかったため、日本人の渡航者数を把握することはできないが、それは他の史料からも分かるように僅かであったものの、一九〇四年以降は再び、徐々に増えていった（表1―2参照）。その原因の一つはアメリカへの移民の危機であった。東アジアから北米への移住の一環であった[63]ＢＣ州への日本人移民は、その危機の影響を受けていたに違いない。

一九〇六年一〇月一一日の日本人学童を市内の公立学校からいわゆる東洋人学校に転校させるというサンフランシスコ教育委員会の決議は、「学童隔離事件」の発端となり、反日運動の激化と日米関係の緊張の原因となった。[64]西海岸の異民族葛藤の勃発を見極めた[65]セオドア・ローズヴェルト（Theodore Roosevelt）大統領は、ジョージ・ケナン（George Kennan）

探検家への書簡の中で反日運動家を「カリフォルニア州議会の大馬鹿」[66]と呼び、最初は日本人移民に同情していたが、次第に彼の見解は変わり、西海岸における日本人に対して排除的になった。日本を脅威とみなすようになったローズヴェルトは、それを海軍の強化と関連させる。

カリフォルニア州議会と他のいくつかの機関は日本に対してとりうる最悪の様式で最も攻撃的な態度で行動した。しかし、複数の州の上院と下院の議員は、昨年、海軍の［強化――Ｉ・Ｓ・］に熱心ではなかった。[67]

ローズヴェルト大統領の好戦性と在米日本人への態度は、日本での反米感情を生み出し、日米間の緊張を一層高めた。移民問題をめぐる日米交渉は一九〇六年から一九〇八年まで継続したが、この問題は、日本が自主的にアメリカへの移民を停止するといういわゆる日米紳士協約により解決した。そのため、日本からアメリカへの移住はほぼみられなくなったが、カナダ経由でアメリカに入ろうとする日本人が急増した。第三章で考察するように、一九〇七年の夏に見られた日本人移民の突然の増加は、ＢＣ州の住民を動揺させた。[68]

表１―１の居住地別の在ＢＣ州日本人の分布を見ると、日本人の職業を推察できる。主要都市のバンクーバーとヴィクトリアの八〇七人は商業やサービス業に関わりが深いであろう。スティーブストン(Steveston)、スキーナ・リーバー(Skeena River)、リーバー・インレット（River Inlet）の五五三人は漁業とそれに関連する仕事をし、ナナイモ、クーテネイなどの人々は鉱業に従事していたと推察できる。

中国人と同様に日本人の雇用は、鉱業、漁業、木材伐採業を中核としたＢＣ州経済の構造を反映していた。サケの最大の捕獲地の一つであるフレーザー川（Fraser River）、スティーブストン川（Steveston River）に渡った日本人は、一八八〇年代には数名であったが、一八九九年には一九五五名にまで増え、[69]彼らは一一七四通の漁業許可書（fishery licenses）のうち、一二三五通（許可書の総数の二割）を得ていた。[70]日本国内もしくはロシアのアムール州において豊富な漁業の経験をもち、太平洋北部にあらゆる可能性を探った漁師たちは、一九世紀後半に形成されつつあった経済圏の先駆者であった。ＢＣ州では、漁業から加工や缶詰製造までの作業に従事した日本人がその経済分野からいなくなると缶詰製造全体が打撃を受けると言われるほど、[71]日本人は必要不可欠な人材となっていた。同州で製造されたサケの缶詰は中国、極東ロシアなどの各地に渡り、[72]二〇世紀初頭のグローバルな製品の一つとなった。河原典史は、日本人が従事していたカナダ西海岸の缶詰製造が環太平洋地域の製造・物流システムに組み込まれ、越境的空間を作り上げたことを明らかにし、[73]その時代の商業と物流がグローバルなものになったことを示唆している。

成長を遂げていた鉱業は、中国人と日本人の潜在力を求めており、外からの労働者を含め人材を集めようとしていた。初期に日本人を雇った企業は、一八八九年のカンバレーンドの鉱山（二四人）、一八九〇年代初頭ジェイムズ・ダンズミアのウェリントン・コリアーズ（一三〇人）、[74]一八九二年のユニオン・コリアーズ社（Union Collieries）（一〇〇人）[75]であった。

同州のもう一つの主要な分野である木材伐採業に従事していた日本人は、一九〇〇年には一〇〇〇人にまで増加し、中国人と他の労働者の一日当たりの賃金であった一・五〜二ドルよりも低い一ドルの賃金で働いていた。[76]料理人、家政婦などの非熟練労働に従事していた日本人には、単身の男性が圧倒的に多く、短期間で大金を稼ぐ計画を持っていた者が多かった。転職を続けた者には、高い流動性がみられた。[77]

カナダ最大の事業であった太平洋横断鉄道の建設では、中国および英領インドの出身者に比べ、日本人建設労働者は僅かであったが、数百名が太平洋鉄道、カナダ北鉄道（Canadian Northern Railway）、そしてグランド・トランク鉄道（Grand Trunk Railways）の建設に従事していた。[78]

BC州の経済発展に伴い成長してきたバンクーバー、ヴィクトリアなどの都市空間には、先住民、アングロ・サクソン、中国人、日本人がそれぞれ居住し商業などの活動を行うセグメントが生まれ、都市空間は住み分けという形態をとって形成された。中国人街と隣接し、一八八五年からパウウェル・ストリート（Powell Street）一〇〇番と三〇〇番の間、アレクサンダー・ストリート（Alexander Street）とウォーター・ストリート、そしてコルドバー・ストリート（Cordova Street）との間に形成されてきたバンクーバーの日本人街は、数件の店舗から始まり、徐々に数多くの店舗と飲食店が並ぶ大きな商店街に発展していった。[79] コミュニティ内の雇用を促し、エスニック組織の形成と発展に努めた店舗の経営者は、移民社会の結束力と経済的エンパワーメントを促した。バンクーバーに設置された日本領事館も、そのコミュニティと密接なつながりがあり、ある程度その活動を保護していたと言える。日本人のコミュニティは優れた組織であった。

第一世代の移民は、アダティが指摘しているように、日本で貧困生活を送っていた者が多く、カナダにおいて短期間で大金を稼ぐという夢を見たとしても、上層の社会階層に移動するには時間がかかった。ただし成功例もあり、日本人移民社会は多様化していた。その成功者の記録が現地の新聞に残っている。一九一〇年一月一〇日、『デイリー・コロニスト』には、バンクーバー在住で〝Messers Jin and Tamura〟を経営している裕福な商人[80]が南アフリカのボーア戦争で戦闘中のイギリス軍を支援する計画についての記事を「日本人が日本帝国の友情の実践的な証拠を示す」というタイトルで掲載した。彼は、日本人の大隊を組織し、民間人のスポンサーの支援によって大隊を南アフリカに派遣することを提案した。[81] その計画は現実的ではなかったが、バンクーバー在住の日本人がイギリスとの友好関係を認識していたことを表しているであろう。

経済分野ごとに分かれていたBC州の日本人が作り上げた都市空間は、複雑な構造をもち、断片的であった。都会の店舗経営者が中核となった商人社会の都市の独特な空間とフレーザー川の河口やバンクーバー島の漁師の村落、鉱業で働いていた契約労働者の空間は、さらにいくつかのコミュニティに分かれていた。

現地社会とローカルな政治との関係はいかなるものであっただろうか。日本人は、当初、在バンクーバー領事の努力により中国人よりも高い評価を得ていた。二〇世紀初頭にも、概ね日本人を高く評価する政治家もいた。日本人の入国制限の必要性を唱えたプライヤー議員は、「まず第一に、[日本人は――I・S・] は我々の東部の製品をより沢山購入し、我々と同様の洋服を着て、中国人よりもよく我が国民と融合している」[82]と認めていた。しかし一方で同時期に、日本人は、一八九〇年代以降、次第に中国人と同一視されるようになり[83]、中国人とインド人同様に「東洋人」のカテゴリーに入れられるようになった。日本人の移住初期の高い評価、白人と同じ社会地位を獲得するための努力は、日本人を脅威としてみなす原因ともなったのである。一方、一九〇八年一月にカナダ議会に報告を行い、中国人と日本人を比較したルミューは、中国人は非熟練労働に満足しており、彼らには料理人、使用人、洗濯屋などとしての需要があるとして[84]、はっきりとした脅威とはみなしていなかった。

第3節　在加日本人移民と現地社会

第三章で取り上げるバンクーバー暴動事件がそのピークとなった在加日本人への排斥は一般的に知られているが、その排斥運動と民族対立の構造は明らかにされていないと考えられる。ここでは、クーテネイ・シングル・カンパニー(Kootenay Shingle Company)の事例から異民族間の対立構造を分析する。BC州の南部に位置していたクーテネイは、開発中の地域で、同州の経済発展の加速化を表す象徴であった。

平均給料の半分もしくは三分の二で働いていた日本人は企業には歓迎されたが、白人中心の主流社会からは排除される傾向が強かった。「隠遁した小さなコミュニティのある各谷」は、東アジア出身者の存在を認めようとしなかった。第三章に見るように、一九〇七年一一月に日本に派遣された労働大臣ロドルフ・ルミューも、どのアングロ・サクソン・コミュニティにもアジア人労働者に対して嫌悪の情がみられると述べていた(85)。日本人が雇用されると、反日運動が見られた。一八九二年にすでに反日感情の対象となっていた従業員と企業側との間で衝突が起きたバンクーバー島の炭鉱では、一八九八年八月および九月にも同様の出来事があり、長年にわたって中国人を雇い続けていたユニオン炭鉱の白人従業員は彼らに代わる日本人の雇用を批判した。

ＢＣ州南部の鉱業の発祥地であり、豊かな石炭により同州の経済発展において大きな役割を果たし(86)、カナダ議会にも注目されていた(87)クーテネイの鉱山も、一八九〇年代に人件費削減を狙い、東アジアおよび南アジアからの移民を雇用し始めた。従来、白人労働者のみを雇用していたにも関わらず、アジア人労働者を必要不可欠な人材として評価したクーテネイ・シングル・カンパニーは、数百名の規模で日本人を雇用した。州内出身の白人労働者は、アジア人を雇用する権利を否定し、その企業に圧力をかけ、異質な要素を排除しようとした。異文化間における相違のみならず、それより重大で、企業のあり方や存在にかかわる賃金の格差の問題もあった。日本文化や日本人の慣習を高く評価したプライヤー議員のような地方政治家は、同時にカナダに渡ってきた日本人のほとんどが貧しく、彼らは白人労働者の給料と比べて僅かの賃金でも働く意欲を持っていると述べた。そして、プライヤー自身とＢＣ州の八分の七の住民の意見として、「それは我々の福祉と、自治領カナダの労働階級にとっては脅威である(88)」と強く訴えた。

企業の経営にとってアジア人雇用の主要な要因となったアジア人と白人の一・五倍から二倍の賃金の差は、地元の雇用構造を大きく変えるものであった。その脅威を実感する白人労働者は、集会や嘆願書の形で州政府との関係を通して、労働権を取り戻す試みに踏み切った。クーテネイのネルソン（Nelson）とスロガン（Slogan）[89]を舞台とした運動は、当該地域の労働権をめぐる対立関係を生み出す戦いとなった。従来、白人労働者のみを雇用していたにも関わらず、クーテネイ・シングル・カンパニーは、州政府の地域権力を体現する警察を自社に配備した。[90]人件費の削減を追求していた大手企業が州の政治家と結びついたこともあったと思われる。[91]州政府という地方政治の機関、私有資本を代表する企業、民衆レベルの労働者運動と密接に繋がったローカルな役所という三つのアクターには、利害が一致する面もあったが、三者の間には複雑な形態の対立も生まれた。地方政治を代表する州政府が企業と結びついたのに対し、市レベルの政治機関は労働者運動と協力関係にあった。日本人と中国人の雇用を非難した一九〇五年四月二六日のネルソン市の労働者の集い[92]における要求を受けて、カスロ（Kaslo）市市役所は、一九〇五年四月のBC州政府に対し、嘆願書の形でアジア人労働者の雇用及び企業への警察の配置について抗議した。[93]五月三日のスロガン市における同様な集いにおいても中国人と日本人の労働者の受け入れが非難された。クーテネイ・シングル・カンパニーの雇用政策は、労働市場の多様化を表しており、アジア人労働者の雇用を加えることでその雇用策を見直したものであった。しかし、カスロ市の社会はそれを受け入れられるような段階にはなかったのである。嘆願書の形で現われた地方当局による新形態の雇用構造への非難は、現地へ警察を派遣するまでの事態となった。BC州政府によって派遣された警察官は、労働者運動のみならず、企業が所在するサルモ（Salmo）市、すなわち地方当局との対立関係も生み出した。速やかな警察の撤退を要求した五月一五日の嘆願書は、BC州政府とサルモ市という地方当局との間での権限の分離、そして、地方当局と一般市民との関係の密接性の表れでもあった。クーテネイ・シングル・カンパニー社に中国人と日本人の雇用を止めさせるよう求めたその嘆願書は、アジア人移民を防ぐべきであったのは州政府であると

いう趣旨で作成されていた。(94)

こうして、鉱山が集中していた地域の社会は、地方の役所の協力を得て、州政府に一貫した雇用政策及び、民族という範疇に基づいた雇用基準の制度化を求めていた。しかし、第二章で示すようにアジア系移民の排斥議案の立法化を望んだBC州政府は、同時に州の経済発展を第一の目標とし、労働力雇用の解決を企業に任せ、クーテネイ・シングル・カンパニーのようなケースでは、従業員を保護する必要がある場合には企業に警察を派遣することを厭わず、アジア人を必要不可欠な人材として評価した。すなわち、州政府の政策にも二面性があり、さらに、州政府、白人労働者と企業の利害は、複雑な形で矛盾を呈するものであった。

州人口の四分の一を占めるアジア人は人材として求められる一方で、異文化的要素として排除されており、彼らの雇用構造には二面性がみられた。「最も安い形態の労働力を獲得しようとする」(95)ダンズミアの「ウェリントン・コリアーズ」のような大手企業は、アジア人の雇用に積極的であった。バンクーバー・横浜定期航路の乗客減少に懸念を持った太平洋横断鉄道の船会社も、日本人移民の排除について積極的ではなかった。カナダ下院でも乗客の減少は懸念された。(96)一方、E・G・プライヤー議員がカナダ下院で訴えたように、全体の八分の七の州の住民はアングロ・サクソン文化の価値観に基づいた社会の構想を諦めず、アジア人労働者を排除すべきであるという意見であった。イングランド生まれの住民が大多数という州の特徴は、彼らの意識を表し、BC州のネイティビズムを中核とした「小さなイングランド」という自己認識のあり方が確認できる。このように、実業家であり後の州総督となったダンズミアとBC議員のプライヤーの見解は、はっきりと対立してしたとは言えないが、相違点がみられた。それは、同州の社会統合の複雑さと地域の政治的未熟さを表しているであろう。

第二章　排斥法案をめぐる交渉システム

議論中のこの問題はカナダに限らず、日英同盟締結によって、大英帝国自体にも影響を及ぼしている。

ロドルフ・ルミュー(97)

第1節　排斥法案をめぐる交渉システムと「帝国の利害」

「東洋」と「西洋」の出会いにより生み出される複雑な形態のアジア人と地元住民との接触によって生まれた異民族交流は、一九世紀末には葛藤の色が濃かった。「太陽の沈まない」大英帝国が勢力を伸ばしたあらゆる地域では、異民族接触が頻繁になり、宗主国出身の入植者が先住民を排除して作り上げた植民地においてさえ、人種・民族構造の多様化が進んでも、エスニック・マイノリティの社会統合が難航していた。帝国の政策と宗主国の思想が、ブリティッシュ・ワールド各地のローカルな入植者のコミュニティへ与えた影響はどのようなものであっただろうか。ローカルなコミュニティが抱えた問題は、「帝国」にどのような影響を与えたのであろうか。「帝国」の様々なレベルの政策を検討しながら、あらゆる政治主体がお互いに及ぼした影響を見てみよう。

カナダの太平洋横断鉄道がいまだ建設中であった頃からすでに、中国からの労働者をめぐり数多くの事件が発生し

ヴィクトリア市の中華街、著者により撮影。

ていた西部では、その解決方法が求められていた。一八八二年にアメリカ合衆国の中国人排斥法（Chinese Exclusion Act）が採択され、おそらくその影響があってのことであろう。[98] 状況を調査するために創立された「中国人移民に関する王立委員会」（Royal Commission on Chinese Immigration）[99]が一八八四年に活動を開始し、中国人の受け入れと雇用に関する諸問題の解決がめざされた。その前年に一度州立議会で提案された法案も中国人の雇用を制限する目的を持っていた。州立議会を通過したその法案は、連邦法務省の承認を得られなかった。大英帝国の民族政策を検討したアメリカ人歴史家ロバート・A・ハッテンバーク（Robert A. Huttenback）の見解では、王立委員会が労働力需要を重視し、中国人の活動を制限する措置を穏健なものに限り、彼らには比較的に低い五〇ドルの人頭税しか課さなかったという。[100] しかし、言うまでもなく、その措置は、幾ら穏健であっても、当時の人種差別の現れであった。

このような経緯により、日本人移民がＢＣ州に登場してからしばらくして急増した一九世紀末期には、政治と労働現場における摩擦と絡み合い、社会統合が簡単なものではないことが明らかとなっていた。当初は歓迎され、中国人に変わる人材として迎えられた日本からの渡航者は、働き始めるや、その勤勉さや忍耐強さからよい評判を受けた。しかし、異文化を代表し、中国人より安い低賃金で働いていた彼らの仕事は、主流社会からの偏見を生み出した。第一に、第一章で考察したように、あらゆる形態で現れた排斥活動は、独立した事件がほとんどで、体系的なものではなかった。その一例を取り上げると、一八九二年のバンクーバー島南部のナナイモ、ウェリングトン、コモックスの鉱山で発生した出来事が、大規模ものとして目立っている。この三件の鉱山で起こった、およそ三〇〇〇名の白人労働者が中核となった運動では、地元の役所などを仲介せずに、日本人と中国人の地下鉱山（underground works）での作業の禁止を求めるＢＣ州立議会への嘆願書[101]という形で、立法府に低賃金の労働力の採用に異議を申し立てた。日本人と中国人の地下鉱山での作業禁止は、鉱業の最も重要な仕事を行う権利が否定されるという意味であった。外国人を排除する精神を共有した州議員は、地下鉱山での作業禁止法令を討議したものの、法案採用には至らなかった。その時期に起こった事件のうちで最大のものであったこの事件が、立法活動を促すことはなかった。しかし、続々と発生する事件は、一八九七年以降の体系的な運動の原因の一つとなり、州立議会では、東アジア人の雇用に関する議論が行われ、外国人労働法（Alien Labor Act）が採択された。州政府が監督していた鉄道、道路、電話線、港、運河とダムの工事では、日本人と中国人の雇用が禁止された。連邦の一州となってから二〇年間しか経っていないブリティッシュ・コロンビアの政治は、宗主国とカナダをモデルしながら発展し始め、自由党（Liberal Party）と保守党（トーリー党、Conservative Party）が主役を演じても、政党としての活動よりも、個人の活躍が目立ち、活動の経験の浅い政治家は世論の波に従うことが多かったと考えられる。そうした意味では、東アジア人との異文化接触は、彼らの目の前で起き、世紀末の爆発的人口増加により多様化する日常生活の空間で彼ら自身が実感していたことがあった。

英領北アメリカ法令に定められた自治領カナダ、ＢＣ州の関係は上下関係であり、自治領の各州が採択した議案は、連邦の議会で承認されるべきであった。外国人労働法は、下記に明らかにする理由で、採択されてまもなく、連邦政府によって無効にされた。(102) 一八九八年七月二五日にＢＣ州立議会で立案された労働規定法（Labor Regulation Act）は、排斥者たちによる新たな試みであった。(103) 法的な形態による制限を求めていた企業の従業員と実際にその提案を基に法案を作成した政治家との一体化は、ＢＣ州社会のすべての階層が外国人労働者に対して排除的感情を抱いていたことを裏付けている。それまでに市民の集いにより自発的に提出されていた嘆願書は、立法府に市民や市レベルの役員の意見を伝える手段であったのに対し、排斥運動が生み出した労働規定法はそれとは異なる性質のもので、採択されたら、厳格にアジア人移民を取り締まるものとなったであろう。さらに、差別的性質の中身をもつこの法案が可決されたら、短期雇用者という範疇であった日本人労働者に打撃を与えたことであろう。州レベルで排斥運動の活動家によって積極的に整備されたこの法案は、連邦レベルで法務省の働きかけによって無効化された。ＢＣ州との関係、とくに同州の自由党のメンバーとの絆を重視していたカナダ首相ローリエは、労働規定法の否決に反対であったが、(104) 無効化に協力した。それは何故であろうか。その答えは、宗主国の政策に従ったためであった。

同年七月二〇日に日本側から法案について異議を受け、関係者と議論を行ったのは、大英帝国の植民地大臣ジョーセフ・チェンバレン（Joseph Chamberlain）(105) であった。彼は、帝国の諸植民地と自治領の関係の強化、諸地域のアングロ・サクソン人の団結を主張したが、(106) 日本との友好関係の発展、その四年前の日英通商航海条約の改正を考慮し、日本側を刺激するような反日法案が採択されないよう努めた。早急に状況を改善しようとした彼は、女王に任命され、自治領の行政を監督していたカナダ総督ジョン・ハミルトン＝ゴルドン（John Hamilton Gordon）に労働規定法が「日本人の雇用を制限する」、「法制が日本の人民と政府の感情を害する」と記した書簡を送った。[107]「驚く程強い書簡」とハッテンバークに評価されたその書簡は、植民地省（Colonial Office）の政策の複雑さと矛盾を表している。チェンバレンが率いる植民地省は、大英帝国の様々な位置づけのある植民地（colonies）と自治領（dominions）などの統治を監督する機関として、外国との関係において、その帝国のそれぞれの行政主体の利害を代表する役割を果たしていた。[108]言うまでもなく、チェンバレンや彼が率いる植民地省の職員は、サー・チャールズ・ディルケ（Sir Charles Dilke）[109]などのイギリスの政治家と思想家が提供していた汎サクソン主義（Saxondom）の思想の強い影響を受け、[110]その思想により動かされ、自治領における白人の優位の維持に努めていた。一八九七年、彼は、その見解を植民地大臣及び自治領の首相の会議（Conference between the Secretary of State for the Colonies and the Premiers of the Self-Governing Colonies）[111]で訴えている。

我々は、数百万、数千万人のアジア人と比較的に近いあらゆる植民地の白人住民が文化、宗教そして慣習の異なる人々の流入を許さないとする決断に非常に同感を抱いている。彼らの流入は現在の白人の正当な権利を妨げる。私は、その種の入国は植民地の利害において、いかなる危険をも防止すべきで、そのための提案に対抗すべきではない。[112]

しかし、同時に、チェンバレンは、大英帝国のもう一つの「平等主義の思想」をも代弁し、会議に集まった植民地などの首相に人種の差異を理由としてインド人などのアジア人を排斥すべきではないと主張した。大英帝国の植民地統治の二面性は、下記に考察するように、ＢＣ州における日本人排斥運動のゆくえをも大きく左右していた。さらに、

第三章に示すように、大英帝国の日英接近政策を重視していたチェンバレンは、日本がアジア・太平洋地域において大英帝国の利権を代理する役割を果たすようになりつつあると考え、[113] 日本との友好を優先し、日本を刺激するようなBC州の反日法案の立法化を阻止していた。日本政府を代表する能勢辰五郎総領事からも同様の要請を受けたハミルトン総督は、法案が立法化されないよう努めた。同年一二月の関係者会議では、その法案を否決することが確認された。[114] こうして、日英双方から圧力を受けたローリエ[115]は、再び見解を変え、法案の無効化に踏み切った。[116]

こうして、三か国の多くの当事者が関わり、BC州の日本人移民の受け入れをめぐる多様な形態の折衝によって支えられるシステムが誕生した。日本人が居住していたBC州の州立議会、連邦政府とカナダ下院、大英帝国全体を代表する植民地省と外務省、そして日本政府という四つの主要なアクターが参加する交渉は、一八九七年から一九〇七年までの一〇年間、立法活動やあらゆる運動などを見極めながら、様々な組織と政治主体の衝突を避けるためになされた。以下では、そのシステムの可能性と限界、また、カナダ政治への影響について述べる。

このシステムの当事者の役割は、国内外の要因の影響によって変わることもあった。毎年春に開かれる会議でアジア人の雇用制限などを提案したBC州立議会は、法案を立案し、討議、採択していた。これらの情報は在バンクーバー日本領事に知られ、彼の報告により日本外務省に伝えられていた。報告を受けた日本の外務省はイギリス外務省に働きかけ、それを受けた大英帝国の植民地省はカナダの連邦政府に圧力をかけてBC州の反日立案の阻止に努めた。大英帝国の法律は、帝国政府が直接植民地の法案が否決されないように定めていたが、[117] ロンドン政府は、政治的圧力によりカナダ政府に働きかけていたのである。

一八九六年から一九一一年までカナダ首相を勤め、自由党リーダーであったローリエは、世紀転換期の日本人移民をめぐる諸関係の緊張がピークを達した時に、その問題に対応する役目を担っており、宗主国を代表するチェンバレン大臣とBC州の自由党のメンバーとの関係を調整しようとし、日本人問題をめぐる交渉における中心的人物でもあった。「帝国の利害」(imperial interests)[118]を優先するという発言をカナダ下院などにおいて繰り返したローリエは、カナダ西部の存在意義を高く評価しながらも、基本的にはロンドン政府からの指示に従って、多くのアクターが関わる多極的な枠組みにおいて大きな役割を果たしていた。ローリエが主張する「帝国の利害」とは何であったのであろうか。彼のBC州との交渉を以下に概観する。

一八九八年六月に労働規定法というBC州の排斥法案の否決という仕事を担うことになったローリエは、中国人と日本人にはそれぞれの対策が必要であるとし、また帝国政府の指示をBC州政府に伝えたことを指摘した。法案の立法化を望んだBC州政府は帝国の指示を無視する理由を連邦政府に伝えたが、ローリエは、チャールズ・オーグスティン・セムリン(Charles Augustin Semlin)[119]BC州首相に宛て、法案の内容が修正されなかったら、帝国が要求した議案を無効化する期限について一八九八年六月二日付で書簡を送った。

日本人に関する法案が有効になった場合、日本と帝国との関係に及ぼす影響を恐れた帝国政府が要求した、日本人に関する諸法案を否決とする期限まで四日間しかない。この法案をどうすればいいのか、何らかの提案があるのか。至急返答が必要である。[120]

この書簡は、一八九八年六月の植民地省、ローリエ、BC州政府の三者が行った交渉の複雑な構造を反映している。帝国の指示に従ったカナダ政府はBC州の抵抗に遭い、帝国の歯車の動きは複雑になった。また、「至急返答が必要である」という文言は多重交渉におけるそれぞれのアクターの間での緊張関係を表している。

しかし、セムリンBC州首相は、州政府の議事録しかないと返答して連邦と帝国の両政府への抵抗を示し、法案を正すことを拒否した。両サイドからの圧力に直面したローリエは、法案が立法化されて日本人と中国人に差別的措置が適用されるようになるか、法案を否認するという二者択一を迫られた。帝国の指示を優先したローリエは、法案を否認した。

毎年、BC州議員よりカナダ下院にアジア人問題が提起されたが、それは下院の多数派によって非難されることもあった。一八九九年の第八回カナダ下院議会では、それを再度提起したプライヤー議員の移民問題発言に対して、下院の多数派が「我々はそれを聞き飽きた」("We are tired of hearing it")と強く反発した。それは、このことは、西部でみられた異民族共存に対する懸念が、東部では賛同を得られなかったことを裏付けている。しかし、「皆さんがその話を聞き厭きたということが［その問題に関する――I・S・］BC州議員［の発言――I・S・］を止めさせることはない」と発言したプライヤーは、太平洋横断鉄道に関する一八七八年の規則案を読み上げた。第一章で概観した通り、この規則によれば、建設労働者は髪の毛を五・五インチ以上長くしてはいけないというルールがあり、それはとりもなおさず長髪の中国人を追放するという意味であった。そして、プライヤーは、発言の最後に、BC州にとって、日本人・中国人移民についての議論が何よりも重要であると訴えた。[121] そのようなプライヤーの強硬な発言と下院多数派の非難は、BC州の異民族間関係の特質を表すとともに、西部の政治家のカナダ政界での孤立を表している。彼は、オーストラリアでの人頭税の増税をモデルとして提案し、カナダ政府が統一された政策を持っているのかとの疑念を提起して、BC州の議案が否認された理由について問いかけた。[122] ○・七五ドルから一ドルの賃金で安く労働者を雇うという誘惑を「悪性の癌」に比定したプライヤーは、日本人と中国人の労働者の流入を止めなければ、彼らがカナダの職人と労働者を圧倒するであろうと述べ、BC州の議論を全国的問題へと広げようとした。[123] アジア人の受け入れに対応してきたローリエ首相は、プライヤーに同情し、カナダ内務大臣クリッフォード・シフトン（Clifford Sifton）（一八九六－一九〇五年在任）などの政府関係者にその問題の解決方法、すなわち人頭税引き揚げに関する準備を依頼するとし、アジアからの移民を「好ましくない」（undesirable）ものとして、東アジアからの移民を停止したカリフォルニア州とオーストラリアのように東洋人に対して「克服することができない反感」を持っていると述べた。ローリエは、ジョージ・R・マクスウェル（George R. Maxwell）[124]議員から人頭税増税の提案があり、またBC州議員からも五〇ドルから五〇〇ドルと税額を上げるべき提案があったことを強調し、人頭税を日本と中国との貿易の問題と結びつけた。カナダ政府は中国人と日本人に対してそれぞれ異なる策をとっていると評したローリエは、中国人に対して人頭税を増税することをはっきりさせたが、対日本人策については大英帝国の政策を考慮したうえで策定すべきとし、「大英帝国の一部として我々には無視できない帝国に対する義務がある」（"As a part of the British Empire, we have duties to discharge to the Empire, which we cannot ignore"）と述べた[125]。既述したように、ローリエは、BC州の議員に大英帝国の対外政策と国際関係を考慮し、英国臣民として帝国の政策を支持し、日本人に関する排斥法案の作成を止めるように求めた。

プライヤー議員の演説に対応したシフトン内務大臣は、BC州の労働階級と中国人及び日本人との競争に際してカナダ人を支援すると述べ、そのために必要な情報を収集すると語った。プライヤーが中国人と日本人の労働者が全国の労働階級への脅威となる可能性についての発言に回答したシフトンは、アジア人がすぐに全国各地に流入するとは思われないとはいえ、東部の労働階級が西部の労働者を応援すると聞いているから、アジア人労働者の問題として位置づけるべきだと述べた。シフトンは、イギリス諸島からの移民を増やすという提案に対しては、同年に一一六〇八人のイングランド人、アイルランド人、スコットランド人を受け入れたと説明した[126]。

プライヤーの演説は好意的に受け止められ、N・F・デイヴィン（N.F. Davin）議員などは人頭税の増税の提案を支援し、翌年の一九〇〇年には中国人に対する人頭税はそれまでの二倍にあたる一〇〇ドルにまで増税された。同時に、下院でBC州の状況を説明したローリエは、同州政府は中国人に関する法案と日本人に関する法案を分けるべきだとし、日本人に関する差別的法案を認めない帝国の政策を支持するように議員に訴えた。BC州議員に対しても帝国の政策を支援するよう強調したローリエは、「東洋」という地域の重要性を強調した。

現在、ご承知の通り、東洋の問題はいかなる時も非常に深刻なものになりうる問題であり、深刻になる時には、大英帝国はこの複雑な状況に巻き込まれ、戦争に突入する可能性もある。もし戦争に突入することになった場合、大英帝国にとっては日本帝国の支援を得ることが最重要である。[127]

大英帝国の他地域での政治情勢も、重要な外部要因であった。一八九九年の夏、植民地省などは、南アフリカにおいて第二次ボーア戦争（The Second Boer War）[128]が勃発する可能性を懸念し、東アジアでの日本の支持を期待していた。このことを知ったローリエは、カナダ下院においてBC州の議員に対しても、英国臣民（British subjects）として行動するよう要請した。

英国の臣民として「神様、女王陛下を守り給え」を歌い、宴会、デモンストレーション、祝賀パーティでイギリスとの関係を自慢することだけが我々のためになるわけではない。我々の義務は犠牲を要する可能性があり、犠牲を払う覚悟をもすべきである。[129]

間違いなく、「帝国の利害」の一環としての南アフリカでの勢力圏の拡大は、日本との協力関係に繋がり、日本人排斥運動と矛盾することであった。ローリエは、英国臣民のアイデンティティに訴え、帝国の利害を優先し、それをＢＣ州の代表者が理解するように求めた。

しかし、立法化には至らなかったが、労働規定法という発想が現れたことは、ホスト社会と日本人コミュニティの新しい関係の時代の到来を意味していた。毎年開かれるＢＣ州立議会での反日立法化活動の活発化は、法案の策定とその無効化が繰り返され、州と連邦の政治家による慎重な議論を必要とした。

第2節　ＢＣ州の政治とＢＣ州首相ダンズミア

ＢＣ州政府、自治領政府、宗主国イギリスが当事者であった多重的な構造の外交は三年が経過しても成果を生み出すことはなかった。一九〇〇年に規模が大きくなったハワイからＢＣ州への日本人の再移住は、異民族の間での緊張をさらに高め、州住民の東アジア移民への「イメージとしての脅威」を強めた。移民に対して扉を閉じたアメリカへの新しい移住のルートを求めて一八九九年より一九〇〇年の間にＢＣ州へ二万人の移民がやってきたが、その大部分は日本人であった[130]。

反アジア人運動が激化した。中国人街、日本人街という少数民族のエリアが形成され、住み分けが進んだが、それらには主流社会と生活空間が重なるエリアもあった。二一六七名[131]の市住民が、バンクーバー市の公衆衛生に関する基準に関しての不適正さを非難し、市政府に対し、中国人、日本人の慣習が市の衛生基準に合わないとして、東アジア人の入国禁止を求める請願がなされた。日常生活におけるゼノフォビアに加え、コミュニティの存続に関わるような、アジア人排斥の立法化に向けたBC州市民の活動によって、清水精三郎在バンクーバー日本領事や彼の同僚たちは、毎日その対応や解決策の検討に明け暮れた。在外同胞の現況を定期的に確認していた日本外務省と受け入れ国カナダの官庁とのやりとりは、移民の入国、雇用、日常生活などの諸問題の解決策を探る手段であった。

言うまでもなく、BC州及びカナダ全体の二大主要政党であった自由党と保守党は、反アジア人的という点で同様な見解であった。両党の排斥法案の立法化をめぐる活動では、アジア人移民に関する見解は大きく異ならなかったものの、日本人と中国人移民の受け入れおよび雇用については、自由党と保守党がお互いに批判し合い、自由党内においてもアプローチの相違が見られた。あらゆる時代、あらゆる国と地域において、移民に関する議論は、頻繁に政治家、とりわけ地方の行政機関の役員や議会の議員などに利用され、選挙においては議員、市長などの候補者によって公約として持ち出され選挙運動の切り札として使われることがある。当時のBC州におけるアジア人排斥をめぐる論争は、その地域の政治家にとって自らの政治方針に注目を集めるための手段であった。

一九〇〇年六月に行われた州首相の選挙では、同州最大の実業家として知られた保守党のリーダー、ジェイムス・ダンズミア(132)が選出された。彼は、第一章で述べたように、企業における労働運動、労働組合の創設を抑えることで有名で、BC州の政治、とくにアジア人排斥問題をめぐる議論において特別な役割を果たした。選挙運動では、ジョーセフ・マーティン（Joseph Martin）などの多くの首相候補(133)が同州の「イギリスらしさ（Britishness）」を訴えた。白人労働者の公式および非公式の組織による中国人排斥運動によって、これまで続いてきた政策を大きく変えることができない原因となった。中国人を雇い続けたダンズミアは、東洋人排斥運動を支持したが、一方で、自らの企業では低賃金の労働力として中国人を雇用しており、(134)アジア人移民に対して複雑な感情を抱いていたと言える。彼の態度は、労働力としての州への貢献を歓迎しながら、人権を否定するという州全体のアジア人移民問題の性格を表しているであろう。中国人の雇用を批判されていたダンズミアは、選挙運動に関する報道で、自らの企業の中国人を解雇し、白人労働者を雇うことを約束した。選挙後、首相に就任した彼がウェリングトンにある自らの企業において中国人労働者を解雇し始めたと報じられたが[135]、実際にはどうであったのかは不明である。首相選を紹介した地元の『デイリー・コロニスト』は、ダンズミアを中国人移民問題を解決できる政治家であると評したが、二日後の紙面では、彼は忙しい人で、彼についての情報が不足しているという異なるダンズミアへの評価が掲載された[136]。

日本が自主的にカナダへの移民を制限した二か月後の一九〇〇年八月三一日、BC州立議会は、入国者に英語などの西洋語の能力を求めるナタール法令（Natal Act）[137]と同様の移民制限法を採択した[138]。チェンバレン植民地大臣によって進められてきたこの法律がどのようにBC州に伝わったかは不明であるが、既述の通り、チェンバレン自身もBC州の「イギリスらしさ」を望んでいたのではないだろうか。七条からなるその法令は、日本人の入国を阻止するため、入国者に西洋語の試験を課しており[139]、アジア人移民の増加を阻止する新たな措置であったと言える。

このとき、チェンバレン植民地大臣への抗議は清水在バンクーバー日本領事から直接なされたわけではなく、領事から青木周蔵外務大臣および林在英日本大使を通じてなされるという複雑な形をとっていたが、それはおそらく日本が強く抗議していることをアピールするためであったであろう。日本側から圧力を受けたチェンバレンは、自らが文章の一部を作成した法案の無効化をカナダ法務省に要求した[140]。一方、チェンバレンの法案の中で提案された言語テストなどの措置を導入することを望んだダンズミア首相は、しばらくは連邦政府に拒否された法案が復活することを望んだことであろう[141]。このように、その時期に四つの主要なアクターの間における折衝および書簡による複雑な交渉システムにより、BC州立議会のアジア人排斥活動は対抗され得たのである。

第3節　ダンズミアBC州首相とブリティッシュ・コロンビア州のアイデンティティ

ＢＣ州首相に就任してから三か月後の一〇月、中央との関係について議論することを欲したダンズミアは、ローリエに会談を申し込んだ[142]。彼は、州内の「東洋人」移民に関する激しい論争がオタワの政治家にどう理解されているのか、中央の外交的支援を得られるのかを懸念していた。これまで経営者として中国人を雇っていたダンズミアは、州の政治を率いるようになってより、民族集団の間の葛藤、制限的法案に関する立法化活動を食い止める方法を探っていた。立案と無効化の繰り返しが常態化していることを心配した彼は、連邦の支援によってその「悪循環」を脱出したかったのであろう。ローリエに提出した報告書の第一の論点は、アジア人移民を法的に如何に制限するかということであった。それに関連する情報を把握する任務があった彼は、遙かに離れ、ほとんど接触のない帝国の官庁の見解も考慮に入れていた。彼は、「ＢＣ州の住民がイギリスと友好条約を結んでいる国家の特権を制限することは理性を欠くことであると思われるが、しかしローカルな見解も帝国の利害もともに考慮すべきである[143]」と述べている。自らアジア人を雇っていたダンズミアは、中国人と日本人とでは受け入れと雇用において異なる性格のものだとの見解を持っていた。彼がローリエ首相の会談で「日本人に関する問題は、日本と中国では二か国の位置づけがそれぞれ異なるため、中国人問題より大きい問題であるが、しかし、競争の条件は同様で、我々が知る限り、問題は両ケースにおいて同じである[144]」と述べた。この発言は、ローリエと同様に中国人と日本人に関するダンズミアの態度の違いを裏付けているであろう。彼は、イギリスなどとの不平等条約の改正に成功した日本からの移民の受け入れを複雑な問題として捉えていた。ダンズミアは、移民の制限を支持し続けたかったが、州を率いるリーダーであり、後に州総督となっ

表2-1　諸州歳入に対する連邦政府が州に与えた寄付金の割合（1899年）

州名	割合
オンタリオ州	01.06%
ケベック州	4.10%
ノワ・スコティア州	28.11%
ニュー・ブルンスウィック州	25.35%
プリンス・エドワード・アイランド州	44.41%
ブリティッシュ・コロンビア州	22.0%

出典：Dunsmuir to Laurier, October 9, 1900, British Columbia Archives, GR441, Box 18, File 3.

た彼は七年後の一九〇七年にはアジア人の入国を制限する新移民法に署名することを拒否している。バンクーバー暴動の際には、親アジア人政治家として非難された彼のわら人形に火がつけられた[145]。日本の移民を自主的に制限する約束が問題の解決方法になるかどうか疑問に思っていた彼は、立法化活動における州の権限について、ローリエに問い合わせている。不思議に思われるのは、「私が救済方法を適用するためには、州のどのような権利を適用できるのか[146]」という州の権限についての問いである。連邦制となってまだ若い自治領カナダでは、州・連邦関係において未確定の領域が多く、両者においてはそれぞれの権限をめぐる駆け引きが続いていた。

太平洋に面し東アジアと繋がり、他州から孤立していたBC州の地理的特徴は、同州における労働力不足や民族の多様性の主要な原因となった。ローリエとの折衝でダンズミアが強調したのは、BC州の人口の特質（"the character of the population of British Columbia"）である。太平洋を跨ぐ東アジアとの繋がりにより、南の隣国からの再移住は、九万八〇〇〇人の全人口において、中国人とインド人が三万三〇〇〇人という人口のほぼ三分の一を占める原因となった[147]。

いわゆる「東洋人移民」に関わるものの一つとしては、予算割り当ての問題がある。三月半ばに首都オタワを訪れたダンズミア[148]は、BC州が中央に支払う関税の割合と中央から支払われる助成金額を見直す可能性について尋ねている。ＢＣ州がより大きい割合で使用する権利があると考えた彼は、中国人移民の受け入れに関する費用の弁済として人頭税の一部がＢＣ州に払い戻される（表２-１参照）ように求めたのである。[149]

「東洋人問題」を切り札に助成金の割り当ての見直しを要求したダンズミア首相は、報告書の中でアングロ・サクソン社会として州が脅かされていることを次のように主張している。

両国家の権利に基づく理論が、我々がこれほどまでに施行を望んでいる制限措置の採択に強く反対する理由である。しかし、それは理論ではなく、現況である。［中略］我々がそれに対する保護措置を望む民族が我々の生活水準と同等であるなら、日本人と中国人の競争は正当なものになるだろうが、しかし、我々がこれほどまでに頻繁に全力で、無差別、無制限に東洋人の移民と戦ったことを指摘しなくとも良いだろう。賃金の低下に合わせて我々の生活水準を全体に下げることをせず、アングロ・サクソン・コミュニティとは完全に異質な条件で発展してきた制度の下で、白人労働者が存続することは不可能である。その制度はこの国に適切ではなく、我々の制度に調和しえない。［中略］東洋人の雇用が小範囲で正当化されるならば、彼らの仕事に需要があるということは望ましいものではなく、彼らの雇用は最低限に止めるべきである。[150]

「ＢＣ州」という空間の構築に当たって、「東洋文化」を構成分子として否定し、「アングロ・サクソン」というカテゴリーの普遍性を訴えた地方政治家であるダンズミアには、「ＢＣ州」を含む「太平洋」という巨大な空間への理解が欠けていた。二〇世紀初頭の「太平洋」の構造的変化に応じて、ＢＣ州空間における「日本」と「カナダ」が占める「領域」が変わりつつあった。「日本」の領域が、拡大しつつあったのである。BC州における日本人は、その二つの空間の重なる領域に位置し、そのコミュニティの役割は見る視点によって異なっていた。法的形態として法案の立法化という方法でBC州という空間から東洋文化を排除することは、新しい矛盾を生み出すのみであった。

BC州の経済的側面を優先したローリエは、ダンズミアへの書簡の中で民族的要素の議論を避けようとした。影響力を拡大していた東アジアの相手国との利害とBC州の構造的変化の相互関係の矛盾は、西部の反日煽動に現れた。BC州の自由党議員との関係を維持しようとしたローリエが、前年の王立移民特別調査委員会（Royal Commission on Chinese and Japanese Immigration）の派遣[151]によって、二年間という時間的猶予が生まれ、法案をめぐる議論は延期された。多面的に調査を行った同委員会は、一九〇二年二月に提出された報告において、東アジア人の活動を「経済的分野への浸透」であると定義し、彼らを社会の構成員として認めようとしなかった。[152]委員会の活動が実施された期間は、一九〇二年にBC州保守党の創設者といわれるリチャード・マックブライド（Richard McBride）[153]の次のダンズミア政権期であった。その一九〇一年より一九〇二年の間、政治領域での議論が進まず、従来のパターンが繰り返されて地域・中央の間での交渉の内容は変化をみせることなく、BC州では日本人の移動の多様化がみられるようになった。BC州の居住地としての評価が低下するや、ヴィクトリア市やバンクーバー市にやって来た八九五名の日本人は、速やかに南の隣国に再移住した。[154]

日本は、カナダ行きの旅券発給を停止したが、毎年夏には、とくに漁業季節において、アメリカから非合法移民がカナダに渡っていた。[155]一九〇二年、ダンズミア首相は、再び、無効化された反アジア人移民法案を採択したが、連邦政府の理解を得られず、立法化されなかった。BC州の保守党は、無効化の真の原因をグランド・トランク太平洋鉄道の労働者を確保する作戦であるとし、ローリエが主張する「帝国の利害」を否定した。一九〇三年、プライヤー次期ＢＣ州首相は、同様な議案を採択したが、それも同じ運命にあった。[156] 一九〇三年にプライヤーと交代した[157]保守党のマクブライド首相は、選挙運動中のスピーチにおいて必ず日本人の排斥を主張し、「日本人の州において占める勢力は大きくなり続けており、もしここに入るために中国人に五〇〇ドルの人頭税が課されるとすれば、日本人にはその二倍の税金が課されるべきである」[158]と訴えた。彼は、連邦政府とグランド・トランク太平洋鉄道の契約には、「白人労働者のみ」("white labor only")という条件が加えられるべきであるとローリエに要求し、カナダ下院がその修正案を却下した際には、自由党の政策はアジア人を差別していると自由党を強く批判し続けた。一九〇三年に首相に当選したマクブライドは、その就任スピーチにおいて、東アジアからの移民を「好ましくない移民」(undesirable immigrants) と定義した。[159] 彼の表現は、これまでカナダではさほど見られなかったアメリカ合衆国の排斥論を再現するものであったと言える。一九〇四年より一九〇五年にかけての日露戦争の時には、日本からの移住者が見られなくなり、また、在バンクーバー日本領事は移民業者が行っていたハワイからの移民を止めようとした。イギリスからの圧力に対しするＢＣ州の保守党の理解はある程度深まり、一時的にではあるが、オタワの自由党政権の批判が落ち着きを見せた。こうして、反アジア人移民のレトリックは、西部の政治における主要な議論の一つとなり、保守党の立場を強化する手段となったが、実際には、保守党と自由党の双方の政治家たちは、互いに批判し合いながら、日本人移民の受け入れについて否定的であったとしても、大英帝国の日本との関係の影響、帝国の中の自治領の位置づけ、カナダの政策策定における「帝国の利害」の重要性を理解していただろう。

一九〇三年、ＢＣ州の保守党の議員は、ローリエが自由党のロバート・Ｇ・マクファーソン (Robert G. Macpherson) を支援するためにアジア人移民の入国を制限することを約束したと考え、選挙において元ＢＣ州総督Ｔ・Ｒ・マクインネス (T.R.McInnes) がかつては自由党の支援者であったにもかかわらず、一八九六年のローリエの選挙運動での中国人移民に関する公約を支持しなかったことを強く批判した。もう一人の自由党との関係のある候補者クリス・フォーリー（Chris Foley）は、選挙でマクファーソンが敗北したら、連邦政府の反アジア人法案の無効化についての不満を証明できると主張した。(160) こうして、マクインネスとフォーリーは、自由党と関係を持っていたが、連邦政府を代表するローリエを批判し、アジア人移民問題を選挙に利用した。三人とも、自由党と関係を持ちながらも、ローリエ首相を批判し、連邦政府の東アジア人に関する政策の欠点を自分の選挙活動において利用していたのである。

以上のように、世紀転換期には、カナダの経済成長に必要不可欠であった移民、とくに太平洋鉄道の建設に大きく貢献した中国人は、国家として成立しつつあるカナダの文化的アイデンティティの形成にも影響を与えた。鉄道建設の完成後の中国人の排斥は、人頭税の導入という形をとり、同様なことが一八九〇年代に新しい労働力資源となった日本人にも広がった。法的な舞台において、二年間繰り返された「東洋人」排斥議案の否認は、ＢＣ州と連邦の見解の相違を露呈し、州の権限の弱さを表すものであった。

第4節　してはいけなかった能勢総領事の確約

一九〇〇年より一九〇二年にかけて、移民をめぐる立法活動の活発化及びＢＣ州内の民族間の葛藤は、日本政府に新しい措置を求めた。一九〇二年に法案を無効化させるため、一九〇二年一二月にオタワに渡った在加能勢日本総領事代理は、ローリエ、ウィリアム・フィルディング（William S. Fielding）大蔵長官、チャールズ・フィッパトリック（Charles Fitzpatrick）司法長官、リチャード・カートライト（Richard Cartwright）商務長官などのカナダの各官庁の代表者と交渉を行った。貿易の発展と移民制限という日加関係の二面性が、意見交換の場で議論となった。法案の無効化、貿易の積極的展開、両国関係の全体の改善を目指していた能勢が、同邦の権利を優先したのに対し、相手の代表団メンバーは、その論点を最小化し、入国者の人数を明確にするという課題に議論の範囲を縮小した。

能勢は、国家と在外同胞との関係を定める一八九六年の日本移民保護法が果たす機能を相手側に伝えたうえで、日本人を保護するために排斥を阻止する必要があると説明し、その保護への協力を求めた。彼は、アメリカでは日本人移民が歓迎されていることに対して、何故BC州では排除されるのか尋ねた。文化的な話題から会談を始めた能勢は、日本人はカナダ文化に適応できないという排除を主張する側の論理に対して、差別を受けている在加日本人の適応が既に進んでいることを強調し、州のあらゆる経済分野において貢献可能な同邦はカナダ政府から保護を受けられるべきだと強く訴えた。能勢に同情した各官庁の代表者は、日本人が開発途上の地域であるBC州にとって必要な人材であることを認めた。日本との関係を重視したローリエは、中国人に課された人頭税を一〇〇ドルから五〇〇ドルに増税すると同時に、日英同盟関係(161)を尊重するために、日本人には同様な税を課すことなく、排斥法案の立法化を実現しないと確認し、日本人に対する態度と中国人に対する態度に違いを見せた。

貿易拡大のチャンスを探るシドニー・フィッシャー（Sydney Fisher）農業大臣も翌年三月に訪日し、大阪で開催された第五回内国勧業博覧会を訪れ、日本との貿易の可能性について調査をしていった。彼のもう一つの訪日の目的は、移民に関する会談を実施することであった。小村寿太郎外務大臣はフィッシャーに対し、日英条約にカナダが条件つきで加入することには応じられないことを表明した(162)。日加が抱える問題は未解決のまま残ったのであった。さらに、日本人の保護の根拠として、BC州議案の無効化(163)を取り上げたローリエは、連邦の相手国に対する懸念について理解をみせ、また中央政府としての権限を強調した。フィッシャーの帰国後、マクブライドBC州首相によりオタワに派遣された州政府のR・F・グリーン（R.F. Green）とチャールズ・ウィルソン（Charles Wilson）の両大臣は、農業大臣との会談において、連邦政府が日本人移民の停止に努めることが約束されたが、BC州の反日法案の連邦政府による立法化を実現することができなかった[164]。

能勢・ローリエ会談の三か月後の一九〇三年三月の第二回目の会談では、移民をめぐる議論を年間割当制度の導入にまで縮小する試みがみられた。日本にとって自国臣民がカナダへの入国の自由を奪われることは日本が国際舞台で得た地位を損なうものであったが、それは万能薬ではなくても、当該時点で問題を解決する方法ではあった。日本の提案を受けたローリエは、一定の人数の日本人のカナダへの入国を認めることを確認した。能勢は、ローリエとの折衝の進展を小村外務大臣に伝え、日本政府にカナダ側が満足できる提案の具体化を求めた[165]。一年間に三〇〇人という数字が取り上げられたことによって、一九〇三年の折衝は、一定の結果を残したとは言え、移民危機の視点から見ても、貿易発展から見ても、充実したものではなかった。

両国の貿易の発展を主要な目的としたフィッシャー農業大臣は、カナダの成長と国際関係の展望を優先し、西部のローカルな問題には言及したとしても、それに力を入れるつもりはなかった。移民を完全に止めるという見解を表していたフィッシャーの立場は、日本側には受け入れられなかった[166]。小村外務大臣は、カナダ行き旅券を海外への渡航者に与えないとフィッシャーに再確約した[167]。日本は、連邦からの高官の訪問がもたらす結果を期待し、それはよい兆候ではあったが、結果として、西部の問題の再検討には結びつかなかった。同年、BC州では新たな移民管理法（The Act to regulate Immigration into BC）及び労働者条例（An Act relating to the employment of works carried on under franchises granted by private acts）が採択された[168]。従来どおり白人以外の従業員の権利を制限したその法案は、BC州の民族集団の対立関係を深め、そこには労働市場における権利をめぐる争いが表れていた。

アジア人に対して入国への壁をさらに高めることになる一九〇四年一月一〇日の移民制限法案には、入国の際、西

表2－2　日本が発行したカナダ行きの旅券数（1901-1903年）

1901		1902		1903（4ヶ月）	
男	女	男	女	男	女
15	0	16	0	5	0
39	0	55	6	25	1
56	21	47	24	26	10
25	4	29	3	17	13
158	27	151	34	73	14
合計	165	合計	185	合計	87

出典：Nosse to Laurier, August 13, 1903, 日本外務省外交史料館、3-8-2-20, 3124頁.

洋語で文章を書くことが定められており、それはアジア人の能力を確認し、文化的差異を露わにする手段であった。最初は州内の交渉に過ぎなかったが、清水領事の後任である森川季四郎領事とヘンリ・Gジョリー・デ・ロトビニエレ（Henry G. Joly de Lotbiniere）BC州総督とのやりとりにみられる議論は、労働市場において文化的分割が進みつつあったことを表している。森川領事は入国者の母語能力が高くとも、西洋語の試験ではそれが疑われると述べている。議案の立法化の実現は、具体的な影響として、一定の労働市場分野へのアクセス制限を意味することになったであろう。

ローリエと書簡を交わした能勢は、一九〇三年二月三日の書簡において、日本政府が二年の間にできる限りカナダ行きの移民を制限していたことを明示している。彼は、「それは全体的に絶対的な制限であり、一年間に一定の人数しか入国しない」と述べている。カナダへの入国を許可されたのは、(1)帰国するカナダに在住の者、(2)在バンクーバー領事が承認したカナダに在住する者の家族、(3)認可を受けた商人と学生、という三つのタイプの入国者である。二月五日付けのローリエからの移民の具体的な人数に関する書簡への回答のなかで、能勢は、一九〇〇年の秋以前、カナダ行きの旅券（パスポート）数は月に五〇冊[169]であったが、青木外務大臣が自主的にカナダへの旅券発行の停止を命令したことによって、旅券は例外的にしか発行されなくなり[170]、翌年には著しく減少したと述べている[171]（表2―2参照）。その結果、一九〇三年一一月および一二月のカナダへの定住を希望する日本人の総数は減少した。その多くは、ハワイ経由で渡った者たちであった[172]。それ以前の書簡で日本政府の政策を説明した能勢は、ＢＣ州に定住する目的で渡る日本人の人数の減少は日本政府による自国民のカナダ移住の制限および監督が効果的であることを証明していると述べている[173]。

同年七月および八月の書簡では、能勢は、統計を用いて、一年間のカナダ移民の人数が二〇〇人を超えていないことを説明している。一九〇三年の能勢外交は効果的であった。彼はＢＣ州の議案の無効化に感謝する一九〇五年五月九日付の書簡において、日本が自主的に自国民のカナダ移民を制限していることを繰り返し述べている。

カナダ政府の正義と信頼を信じ、日本政府はカナダに移民する者を制限する政策に従う[174]。

一九〇三年より一九〇五年の能勢の活動をどう評価するべきであろうか。ＢＣ州のアジア人排斥法案の立法化及び彼らを排除するような条約の成立を阻止することを第一の目的とした彼は、日本政府が既に移民を制限していることを伝え、ローリエとフィッシャー農業大臣に説得しようとした。カナダで日本政府を代表していた能勢は、非公式に約束を交わすにしても、彼にその約束を交わす権限があったのかどうかは不明である。日本政府から正式な書面上の承認がなく、能勢の最後の書簡は、ローリエ首相ではなく、フィッシャー農業大臣に送られたものであるが、その正当性が、実際に一九〇七年の下院での討議の際、野党によって問われた[175]。野党のリーダー・ローバト・Ｌ・ボーデン（Robert Borden）[176]は次のように能勢の権限に疑義を呈した。

我々はもちろん彼がこの国における日本政府の代表者であったことを理解しているが、しかしそれは一部の任務においてであり、全ての任務においてではない。極端な例を挙げると、彼は平和条約の締結、宣戦布告を行うことができない。私が何を知りたいかというと、このような任務が日本政府の代表者としての彼の権限の範囲に入っていたかどうかということである。[177]

他の議員からも能勢総領事の権限について質問があったものの、東京から戻った労働大臣ロドルフ・ルミューは能勢が日本を代表しているという回答しかできなかった。[178]能勢との約束の曖昧さは、二年後にカナダ代表団の交渉が最初に行き詰った原因にもなったのではないだろうか。

しかし、能勢の移民を制限するという約束を受けて、日本との間での信頼関係の構築を望んだカナダ議会は、一九〇五年九月一八日、一八九四年七月一六日の日英通商航海条約を満票で批准した。その直前に能勢はさらにフィッシャー農業大臣に対し、日本政府は常に（always）自主的にカナダへの移民を制限し、カナダがそれに頼ることで、条約によって移民を制限することがないよう期待するという日本との約束について確認した。

条約の調印式は、一九〇六年一月三一日に東京で行われた。次節で見るように、野党が帝国における移民政策の基準を探り、アジア人の入国禁止を前提とした統一した政策の策定を求め、オーストラリアの白濠主義を模範にすることを要求したのに対して、カナダにはそれができない理由があった。一八九四年より一八九七年にかけてカナダの日英通商航海条約への加盟を議論していた連邦政府と議会は、一八九七年に長い論争を経て宗主国の利害を優先する財政政策（fiscal policy）を整備し、国民もそれを容易に受け入れた。その制度と矛盾する最恵国待遇の条約（ドイツとベルギーとの条約）の無効化がすでに大英帝国政府に申請されており、そのような状況下では、新たに他国との最恵国待遇の条件を含む条約を締結することは不可能であった[179]。最恵国待遇の条件を含む日英通商航海条約の第一条は、そこへの加入を困難にさせた。先にみたような能勢の移民制限の約束に至るまで、かような条約に加わることは不可能であった。

条約への加入は、論点となった。BC州のニュー・ウエストミンスター市出身の議員ジェイムス・B・ケネディー（Kennedy, James B.）は、同州における日本人や他のアジア人の存在が困難を生むという可能性について考えた[180]が、日本の自主的な移住制限を切り札として使用したローリエは、この議員を納得させた。

財政政策の特質という要素を除いて、BC州への移民は一〇年以上の間、自治領カナダが宗主国イギリスと日本との間で結ばれた条約に加入する妨げになっていたが、ルミューとローリエの活動によってカナダはそれを乗り越えることができ、カナダと日本の二国間関係は新しい段階に入った。

第5節　「帝国の理想」をめぐる与野党の論争

人種差別の象徴である人頭税は、排斥運動の高まりとともに、一九〇〇年に五〇ドルから一〇〇ドルへの二倍、さらに一九〇三年には一〇〇ドルから五〇〇ドルへの五倍へと大きく引き上げられた[181]。排斥の厳しさを表す二回目の引き上げは、日本人移民の制限に関する法案の立法化を避ける道でもあった。法案の無効化が続いて五年目には、人頭税の増税がカナダ議会で与野党の論点にもなった[182]。一九〇三年三月のカナダ議会では、「中国人移民制限に関する法令」（An Act respecting and restricting Chinese immigration）の第六四条および八三条の改正を機に、太平洋への窓口として特殊な地位を占めたBC州が異なる文化を背景とする移民の流入によって「イギリスらしさ」の維持ができるのかという点が討議された。人頭税という形で異文化の排除政策が成功し、中国人の人口増加が阻止された[183]。BC州を取り巻く状況を紹介したローリエは、三〇年間のその対立の経緯を簡潔に説明し、一八八五年にサー・ジョン・マクドナルド（Sir John MacDonald）首相が初めて五〇ドルの人頭税を導入したことを強調した。一八八〇年代に、中国人に加え、日本人も当該地域での経済活動を始めたことにより、白人労働者やその組織における反日感情が高まり、それは州立議会での議論にまで影響を及ぼした。一九〇〇年に同州で調査を実施した連邦政府の監督官（commissioners）は、人頭税を一〇〇ドルまで引き上げることを強く推奨した。日本人の受け入れが中国人人頭税の増税に影響を及ぼしたものの、ローリエは日本人移民問題を異なる観点から取り上げ、カナダ西部における日本人に対する偏見を批判すると同時に、「日本人はカナダ文化に適応できない」という差別的見解をも示した。このような矛盾する日本人への評価をしていたローリエは、日本政府が、上述のように、三つのカテゴリー[185]の移民を除いてカナダへの臣民の渡航を自主的に禁止したことを解決方法として評価した。

「私は帝国の立場から話している[186]」と訴えた野党のボーデンは、オーストラリアとナタール[187]が採ったような、アジア人入国を全面的に禁止する政策と歩調を合わせない理由をローリエに問いかけた。その年の初頭より中国および日本からの移民に対してより厳しい政策を導入し、特殊な職業集団（海女など）以外、日本人の入国を制限した[188]オーストラリアはアジア人への扉を閉じた。保守党は「イギリス系の支配的商業利害を代表する[189]」政党であり、同党が帝国内のアジア人移民の制限を求めたことは不思議ではない。しかし、何故、同じく帝国の自治領という位置づけであったカナダとオーストラリアが異なる道を歩んだのであろうか。その理由は、地理的要因と経済関係であっただろう。

法案立法化が貿易発展に打撃を与えることを懸念したローリエは、ボーデンへの回答において、バンクーバー・横浜間定期航路の開始、貿易監督官（exhibition commissioners）の調査[190]、商業の展望を描き、自分の見解を裏付けようとした。カナダを独立国家にしようとした彼は、日本人移民の排除を恐れたのであろう。法案の立法化が議会の権限を超え、その無効化こそがカナダの利益に沿うものだとしてボーデンに反論した[191]。世界的な視野を持っていたローリエは、東アジアとの貿易を発展させようとし、カナダ下院において、日本、中国との貿易には大きな展望があると考え、政府関係者が積極的にその可能性を探るよう努力を促した。下院で演説した農業大臣フィッシャーは、一八九七年に日本を訪れたサー・リチャード・カートライト通商貿易大臣の情報に基づいて、日本にバターとチーズを輸出することが可能になるであろうと主張した[192]。宗主国イギリスも東アジア市場への進出をあらゆる面で拡大しようとし、例えば、上海と大連という中国の商港の間に貨物を輸送する提案ももっていた[193]。しかし、ゴーウェンが「神話[194]」としてその展望を疑っていた商業は、どの程度進展しうるものであったのであろうか。一九〇七年までは、日加貿易は拡大傾向になく、中国と合せて、ベルギー及びその時代に独立した植民地であるニューファンドランド（Newfoundland）の貿易量を超えないものであった（表2―3参照）。様々な問題点を乗り越える必要もあった。例えば、カナダの小麦粉を日本に輸出する計画もあったが、通商省の役人によって作成された詳細な書簡には、カナダ産のグルテン（gluten、麩質）の含量が他地域のものより二割高いため、その質と値段も高く、日本への大量の輸出が困難になる可能性があることが明らかにされ、また運送の問題に関しても輸出の困難さが指摘された[195]。こうして、ローリエの商業発展の構想は、移住の問題と絡み合い、その実現には多くの問題点を抱えていた。しかしそれでも、それは、アジア・太平洋地域の経済的統合において重要な要素であったと考えられる。

日本人に対してカナダへの扉を閉じようとしたボーデンは、カナダ政府がナタール法令などの無効化を促す権利に疑義を呈したのに対し、ローリエは、ナタール法案が帝国にもカナダにも損害しか与えず[196]、法律の基盤となる英領北アメリカ法令がナタール法令を無効化すると訴えた。カナダ社会構築の礎となった英領北アメリカ法令は、全世界か

表2－3　自治領カナダの海外貿易（1873〜1907年）　　単位：千ドル

年	イギリス	アメリカ	フランス	南米	ドイツ	ベルギー	ニューファンドランド	日本と中国	合計
1873	107,266	89,808	2,055	1,701	1,176	364	4,609	1,709	217,804
1874	108,083	90,524	2,569	1,686	1.022	534	2,657	1,263	216,756
1875	100,379	80,717	2,154	1,064	839	337	2,806	694	197,505
1876	81,457	78,003	2,394	975	608	374	2,675	971	175,699
1877	81,139	77,087	1,730	636	404	318	2,753	455	172,175
1878	83,372	73,876	1,754	669	521	805	2,767	486	170,523
1879	67,288	70,904	2,247	745	552	219	2,280	505	151,832
1880	80,307	62,696	1,928	1,073	532	837	2,002	931	159,693
1885	83,284	86,903	2,239	2,802	2,385	551	2,022	2,528	191,948
1890	91,743	92,814	2,894	2,555	4,286	763	1,655	2,161	209,514
1895	92,988	95,932	2,920	1,610	5,421	693	3,065	2,906	218,891
1900	152,526	178,463	5,743	2,423	10,099	4,421	2,804	2,749	372,699
1901	148,347	182,867	6,979	2,567	9,162	6,634	2,886	3,149	377,725
1902	166,533	192,004	8,061	3,440	13,515	4,156	3,498	2,555	414,431
1903	190,099	209,389	7,921	4,532	14,380	4,930	3,714	2,440	459,640
1904	179,368	223,599	7,804	5,613	9,994	4,255	3,975	3,134	464,985
1905	162,301	240,142	8,570	6,916	7,842	3,514	4,528	3,990	465,242
1906	202,289	273,668	9,788	9,425	8,859	4,175	4,972	3,684	546,947
1907	169,717	234,964	8,108	8,814	6,541	3,553	3,708	3,001	462,532

出典：*Sessional Papers*. Vol. 6. Fourth Session of the Tenth Parliament of the Dominion of Canada. Session 1907-1908. Vol. XLII. pp. 4-5.

ら集まり社会と経済に尽くす人々の受け入れを促進させる[197]もので、人に対して壁をつくるものではないとローリエは考えていた。与野党の論争の対象となった日本人の受け入れの問題は、自ら矛盾を呈していた。このようにして、移民政策は、誰を差別することもなく人を受け入れ、新世界のひとつの国であるカナダに貢献する人々に幅広い可能性を与えるはずであったが、新来者である日本人を文化が異なるとの理由で排除することとなった。

オタワでは、カナダ下院において自由党と保守党の間で相互批判が繰り返されていた。例えば、第三章で取り扱う一九〇七年の暴動事件の直後に激しさを増したアジア人移民をめぐる議論は、自由党のジョン・クロフォード（John Crawford）下院議員とボーデンが代表する保守党を衝突させた。ボーデンの日本人移民に関する態度の二面性を批判したクロフォードは、ボーデンの発言における矛盾を指摘した。

私は、現況が続けば、中国および日本からの移民がＢＣ州から白人を追い出すことを意味すると考える西部の人々に賛同する。問題は、将来ＢＣ州がミカドの臣民もしくはカナダ人のどちらによって支配されるのかということである。しかし、イギリスは強国日本と条約を結び、この条約の精神は守られるべきである。(198)

この発言の中ほどにみえる「しかし」（but）という接続語は、問題の解決方法の欠如を表している。アジア人の受け入れに肯定的であった北トロント選出の、保守党議員ジョージ・Ｅ・フォースター（George E. Foster）と野党リーダーのボーデンの発言を比較したクロフォードは、党員が党のリーダーの言葉と矛盾した発言をしていると強調した。しかし、野党の無能さを嘲笑したクロフォードは、野党のリーダーが人々のために偉大なことを実現すると発言しつつも、実際には曖昧なことしか提案していないと述べた。しかし、このようにボーデンを批判したクロフォード自身も、建設的な代案をもってはいなかった。移民をめぐる自由党と保守党の議論は、煽動主義者による言い争いに過ぎなかったのである。

こうして、民族の同一性を訴えるＢＣ州住民、日本との同盟関係を重視する大英帝国の両方から圧力を受けたローリエは、州と帝国の利害バランスや国際情勢を考慮し、利害の衝突を回避しようとしていた。地理的に日本海軍がイギリス海軍より近いことに懸念を抱いた[199]彼は、穏健な政策が帝国の理想だと考えた。それに対して、カリフォルニア州などの地域が実施しているような「制限」と「廃止」を望んだボーデンは、アジア人排斥を帝国の利害に関わるものとして捉えた。二人の政党代表者は、それぞれ異なるふたつの「帝国」の構想を抱いていたのである。

チェンバレンは、日本との関係に影響を及ぼしていたBC州の日本人問題を見極め、日本人はカナダ文化に適応できないであろうと考えてはいたものの、日本人を排除し、差別に導くような法令を恐れ、日本の外交官と頻繁に接触し、二か国関係に打撃を与えないような措置を選択した。

ローリエとチェンバレンの相互理解や密接に協力し合った活動の成果により、長年にわたり、BC州議会での差別的法案の採択を避けることができた[200]。ローリエは、BC州の法案に盛り込まれた差別的内容を否定し[201]、東アジアの大国との貿易を発展させようというビジョンを持ち、植民地省とのやりとりによってバランスを維持し、移民に関して巧みに国内外の政策を行った。彼は、世紀転換期にボーア戦争[202]を始めた宗主国が、背面の東アジアに憂いがないことを望んでいると信じていた。ローリエは、BC州議員の一面的な見解とは異なり、自治領と大英帝国全体の利害の双方に留意していた一方で、BC州を訪れた経験から、同時に国内政治に必要な人脈を過小評価することなく、BC州議員、とくに自由党党員との関係も重視していた。

第6節　自治領カナダ政治における日本人移民

政治体制の成立とその充実の過程において、個人、集団、国家機関などのアクターの相互関係がユニークな現象を生み出した。異文化の接触は、複合的なものである。本章は、ＢＣ州の主流社会の見解の多様性を表す、州首相の連邦政府に対する政策、カナダ下院での移民政策の性質とカナダと帝国の構想をめぐる与野党との論争を明らかにした。

本章の研究対象である日本人移民は、ＢＣ州政府とカナダ政府の議論、与野党の議会での論争の的となり、それぞれの政治アクターの発想の相違、政治体制のあらゆる変容を映し出している。日本人に対して扉を閉じるのか、開くのかは、あらゆる組織の複合的な相互作用すなわち、そこに登場するアクターの変化、国内外の環境の変化、接触のパターンにより決まる。実業家でありながら、ＢＣ州首相および州総督を務めたジェイムス・ダンズミアの見解の変容は重要な一例である。彼は、ＢＣ州立議会が満票で可決した反日議案を否定したが、その法案を無効化した州と自治領との相互関係の強化は、連邦が一つの空間になりつつあることを示している。二〇世紀初頭のＢＣ州における自由党と保守党の議論及び、連邦政府の政策への批判の激化と鈍化は、西部の帝国の権力構造への理解が広まっていたことを表しているであろう。さらに野党を代表するボーデンでさえオーストラリア型の絶対的なアジア移民の禁止から、帝国の利害を考慮する日本人の受け入れの制限へと態度を変えたことには、カナダが「アジア・太平洋地域」へ帰属意識を強めたことを見て取ることができよう。両国関係において、能勢の約束が裏づけを得たものでなかったことは、後にルミューとの交渉を困難にさせた。衝突を回避したローリエは、巧みにその役割を果たした。

一八九七年より一九〇七年の一〇年の間に移民を受け入れた西部の積極的な反アジア人立法活動と、それを抑えようとする連邦の冷静な対応によって生まれた多重的な構造を持つ交渉システムは、地方と中央の対立と妥協を表すものであると同時に、「カナダ」と「太平洋地域」という大きな空間の重なりあいの中で成長していくユニークな相互影響のメカニズムの誕生を意味する。その分子は、多様で、単独では意味をなさないかもしれないが、接触により新たなものを作りだす。そのメカニズムには、長所も短所もあるが、それは個人、集団、国家のレベルにおいて無限の可能性を開くであろう。

第三章　ＢＣ州の地域問題から国際舞台へ

Parya sub ingenti.[203]

第1節　バンクーバー暴動事件はシアトルに起きるはずだったのか

国内政治と二か国関係が複雑に絡み合う移民問題は、多くのアクターの参加により検討され、解決されるものである。一〇年間以上継続していた日本人の入国制限をめぐるカナダの論争は、一般市民、法律家、官僚によって進められ、様々な衝突と協力関係を産み出したが、日本人の社会への統合を促進することはできなかった。勤勉な人材を集めようとしていた州の企業は日本人を雇い続け、日本政府は同邦の保護に努めていた。一〇年間の移民をめぐる対立の影響により州内の政界にも変化がみられた。ダンズミアは一九〇〇年には日英関係の重要性を認めながらも、法的にアジア人の入国禁止を強く求めていたが、七年後の一九〇七年四月には、州内の政界に逆らって、連邦政府の方針に従い、「ブリティッシュ・コロンビアへの移民を規制する法令第三〇号法案」(Bill No. 30 "Act to regulate immigration into British Columbia")の立法化を防いだ。ＢＣ州総督の権限で法令を否認したダンズミアは[204]、その法案が、既に無効化されたものの修正案に過ぎず、「我々の国際関係と連邦の利害[205]」に悪影響を与える可能性があると主張した。九月七日にバンクーバーで起きた反日暴動で彼のわら人形が燃やされたことは驚くに値しない。[206]州議会と協調して連邦政府の圧力に抵抗したBC州知事と総督は異なる態度をとり、東アジア人移民問題をめぐり州の立法府（BC州立議会）と行政府（BC州総督と政府）の対立が見られた。

飯野・高村、スギモト、ロイ、アダティなどの研究でバンクーバー暴動事件の経過は詳細に調査され、出来事の流れを見直す余地はないと考えられるが、[207]事件の評価は当事者によって異なり、日英米関係の構造的変化、とくにイギリス外交の面から再検討する意義がある。

戦争勃発の危険性にまで緊張が高まった日米関係及びアジア人のアメリカ西海岸での受け入れ制限は、ハワイからアメリカ本土へという世紀転換期の移住のパターンを崩した。定期航路があり、バンクーバーへの渡航が比較的容易なカナダは移住先としての魅力があった。カナダ西部を経由するルートに目を転じた在ハワイ日本人はBC州に渡るようになり、それは一九〇七年の夏に急増した。移住先がカナダに変更された背景には、何人かのホノルルのホテル・オーナーと弁護士の斡旋活動があった。[208]スギモトは、ハワイからの再移住が日本からの移住の急増と重なったことが暴動の主要な要因であったと指摘している。[209]カナダ行き、ハワイ行き、アメリカ行きの旅券をもつ者、旅券をもたない者がバンクーバーとヴィクトリアに到着し、[210]州住民の注目を集めた。カナダの移民局において、出発地と行先が登録され、二七七九人がハワイから、[211]九〇〇人が日本の業者と契約していたカナディアン・ニッポン・サプライ会社（Canadian Nippon Supply Company）の仲介で直接日本から渡り、[212]その他の移住者と合わせて、八一二五人がBC州に到着した。そのうち、三六九〇人がアメリカ合衆国に出発し、四四二九人だけがカナダに残った。[213]定住を検討する者、BC州を経由して渡米する者がそれぞれの著しく増加したことは、同州における異民族間の接触のあり方を大きく変えた。国際情勢の緊張を背景に、その移住の新しい波はBC州が一九〇〇年に経験した「想像の脅威」の再発の原因となった。

日本人移民を取り巻く状況を一気に悪化させたバンクーバー暴動は、それまでの同市の異文化環境を著しく変えた。一九〇七年の夏にアメリカ人活動家の支援[214]で結成されたアジア人排斥同盟（Asiatic Exclusion League）は、九月七日、バンクーバーで五〇〇〇人[215]を集めてパレードを行い、その後に日本人街と中国人街の商店を襲った。日常的なゼノフォビアと雇用での差別が存在していた同市では、これほどまでに大規模な東アジア移民への襲撃は初めてのことであった。しかし、第一章で述べたように、親アメリカ派が存在しており、パレードの参加者の一部はそれに属していた可能性がある。また、飯野・高村が指摘しているように、襲撃の参加者は主に労働階級の者で[216]、政府関係者の参加は確認されていない。

パレードの決行日に選ばれた日は、石井菊次郎通商局長がバンクーバー市を訪問する時期にあたり、それによりカナダ政府の注目を集めることを企図していた可能性があることを吉田は指摘している[217]。さらに、イギリス側の史料を用いると、もう一つの面が見えてくる。それについて以下に論じる。

シアトルの排斥運動の支援がみられたこの事件は、飯野・高村が指摘しているとおり、「カナダとイギリスを、アメリカ合衆国と日本の間の移民をめぐる論争に巻き込むための国際陰謀[218]」であったという説がある。その見解は、マスコミで報道されイギリスで注目されていた。

イギリス外務省にバンクーバーの現況を伝えた駐ワシントンイギリス大使ジェイムズ・ブライス（James Bryce）の報告は、その暴動事件の意義を再検討する余地を教える。アメリカの権威ある雑誌の情報を収集した彼は、イギリス外務省に、同市のパレードはシアトルの労働組合活動家の支援で行われたと報告している[219]。レイドロー（Mr. Laidlaw）イギリス領事にシアトルでパレードが計画されていたか否かの調査が依頼され、コットレル（Cottrell）ワシントン州労働連合会長、ファウラー（Fowler）反日韓連合会長、リストマン（Listman）シアトル労働組合長が暴動の時にバンクーバーに滞在していたことが確認された。[220] この事実は、シアトルの反アジア人組織が暴動事件の企画に参加したことを裏付けている。ブライスは、シアトルを訪問する予定であった石井菊次郎通商局長に圧力をかけるため、パレードがシアトルで行われるよう計画されたと報告している。[221] すなわち、石井局長がシアトル訪問を短縮し、予定より早くシアトルからバンクーバーに移動したため、反日パレードの計画も修正された可能性があるのである。シアトルの組織の活動が同年の夏にバンクーバーに広がったことは一般的に知られているが、石井局長がバンクーバーを訪れなければ暴動事件が起きなかったという可能性があったのである。

さらにシアトルの反アジア人組織のバンクーバー暴動における役割を示す事件がもうひとつある。ワシントン州のベリンガム（Bellingham）ではシーク教徒が反アジア人組織によって襲撃された。その町の木材製材所で働いていた英領インドのパンジャブ出身[222]のシーク教徒は、前日の九月六日に反アジア人運動のメンバーによって襲われ、暴動の拡大を恐れた彼らは即座に国境を超えて、カナダに渡った。[223] スギモトもこの事件について述べているが、[224] この事件とバンクーバー暴動との関連性はより明確にされるべきだと思われる。ブライス大使は、シーク教徒への襲撃に関するアメリカの新聞報道を真剣に受けとめてはいたが、その新聞の情報の正確さを疑い、それを各地に駐留する領事からの報告で確認することにした。この事件を概観した彼は、襲撃を受けたインド人を「イギリス保護下のシーク教徒」として位置づけ、大英帝国の臣民であることを強調し、帝国の臣民がアメリカ合衆国で被害にあった点を明確にした。ブライス大使は、ＢＣ州の事件を歓迎しているアメリカの新聞も何件かあると強調し、暴動事件が太平洋地域におけるアメリカの立場を強化し、日英関係を悪化させる可能性があったことを強調している。彼はまた、アメリカ合衆国のマスコミと社会的権力をもつ多数派がイギリスに日英同盟の締結を許していないと[225]指摘している。同時に起きた両事件は、バンクーバー暴動もシアトルのアメリカ人組織の活動の一環であったのではないかと推察させる。ブライス大使は、「権力のあるアメリカ人が日英関係の発展を妨げるため、意図的に活動を行ったと考えるのは不正確である。しかし、アメリカの介入で日英関係を悪化させ、その関係に影響を及ぼすＢＣ州の反アジア人暴動が起きたことに対して後悔していないことは明らかである」[226]と述べている。

ブライス大使は、アメリカ連邦政府が一九〇六年にサンフランシスコ日韓人学童隔離事件の際に日本人を守る行動をとらなかったことに関して言及している[227]。この事件は、アジア・太平洋地域の政治・軍事バランスを変えるほど日米関係に大きな影響を与え、国際政治の構造的変化の発端となった。同様に日英関係の悪化を恐れたブライス大使は、マスコミの報道に注意を払い、「自治領政府がＢＣ州社会の行動に対して［アメリカ合衆国と――Ｉ・Ｓ・］同じ様なジレンマを抱えているとマスコミが報道するのは当然である」と述べ、オタワのバンクーバー暴動への対応がサンフランシスコ日韓人学童隔離事件と同じようになってはならず、カナダ政府はＢＣ州の日本人に最恵国待遇を保障できないと述べている[228]。これまで注目されてこなかったこのブライス大使の指摘は、極めて重要だと思われる。一年前のサンフランシスコ日韓人学童隔離事件の時の連邦政府の行動を批判的にとらえた彼は、イギリスの自治領カナダが同じ過ちを繰り返せれば、日英関係への大きな影響をもたらすと考えた。

ブライス大使のこの指摘は、おそらくバンクーバー暴動事件後にカナダの連邦政府が即座に対応した主要な原因の一つである。早急に事件を調査するためにマッケンジー・キング（William Lyon MacKenzie King）労働次官を派遣したカナダ政府は、東アジアの相手国との関係悪化を恐れていた。東アジアからの新しい移住の波や、国際情勢の変化は、当該地域が一九〇〇年に経験した「想像の脅威」の再発の原因となり、また自治領カナダの国際舞台への登場のきっかけにもなった。

バンクーバー暴動事件で、日本人が警察に守られたことは、クーテネイ・シングル・カンパニーの排斥運動と同様に、州政府が日本人も他の民族と同じ権利を有していると考えていたからであろう。一〇月二二日にバンクーバーに到着し、主に「一人の委員会」(one-man commission)[229]で事件の調査を行ったW・L・マッケンジー・キングは、一一日間にわたって調査を行い[230]、一一月一五日、損害賠償として九一七五ドル、在バンクーバー日本領事館の準備費と起訴経費として一六〇〇ドルを支払うよう連邦政府に勧告した[231]。別件の調査で暴動事件の原因を調べた[232]キングは、日本人の急増が違反業者の活動の結果であったと確認した。バンクーバーで行われたその調査は、バンクーバーの日本移民業者が行っていた移民の斡旋システムを調べ、移民の渡航を斡旋した同市とハワイの違反業者の存在を明らかにした[233]。また、一九〇六年一二月にカナディアン・ニッポン・サプライ会社は、フレデリック・ヨーシ(Frederic Yoshy)元在バンクーバー日本領事館書記官と請負人の後藤佐織(Goto Saori)によって創設され、一九〇七年一月から三か月の間に大々的に労働者を募集していたことが分かった[234]。

『ヴィクトリア・デイリー・コロニスト』は、日本人の急増が日加両政府の責任ではなく、その業者の活動、とくに旅券の非合法な発行の結果で、移民業者は移住者が仕事を得た後に、彼らから賃金の一割を手数料としてとっていたと報道した。このように、キングの調査の結果を報道することによって[235]、同州住民を安心させようとしたのかも知れない。

しかし、マッケンジー・キングは、直接日本から渡航した九〇〇人が日本で募集された際、カナディアン・ニッポン・サプライ会社の創立者のヨーシと後藤が直接日本政府からカナダ行きの旅券を取得し、その旅券は偽造されたものではなかったということを明らかにした[236]。さらに、キングは、バンクーバーでこの会社の家宅捜査を行った際、後藤のデスクを発見して、会社から没収した書類から、日英通商航海条約が批准されたため、日本政府がカナダ行きの一年間の旅券数を二〇〇〇枚まで増やそうとしているのではないかと推察した。[237] また、カナダをトランジット・ポイントにした入国者については、後藤とヨーシは、取り調べにおいてヴィクトリアかバンクーバーに到着した日本人の一部が霧がかかった日にボートでアメリカに渡るか、森林地帯で加米国境を越えて密かにアメリカに移動すると証言している。[238] すなわち、日本政府が完全に旅券の発行を停止しようとしなかったならば、ＢＣ州は、日本人入国者が再び急増し、アメリカへの非合法移住のために利用される可能性もあったであろう。暴動事件の再発を恐れた連邦政府にとって、それこそ大きな問題であった。

二年間にわたり続いていた移民をめぐる日米交渉に比べ、飯野・高村が指摘しているカナダの対日交渉の「早い結末」は、なぜ可能になったのだろうか。ブライス大使のイギリス外務省への報告から分かるように、彼をはじめカナダとイギリスの外交官と政治家が、サンフランシスコ日韓人学童隔離事件の経過と日米関係への悪影響を参考にし、日英関係もバンクーバー暴動事件の影響により悪化するのではないかと危惧するようになったのであろう。そのため、事件の調査、損害賠償の支払いなどが速やかに行われたのである。

ＢＣ州の日本人移民を取り巻く社会環境を一気に悪化させたバンクーバーでの暴動は、地域の異民族間関係をいかにして変えたのであろうか。これまで同州ではみられなかったほどの緊張状態がカナダ西部の大都市の社会、経済、文化に影響を与え、ひとつの地域を越えて、州内の小さな事件が、連邦と帝国、イギリスと日本、アジア・太平洋地域全体に及ぼした影響は何であったのであろうか。次節では、その問題に焦点を当てる。

第2節　ルミューの交渉――帝国の権限と自治領の挑戦

バンクーバー在住日本人を動揺させた九月の暴動事件は、移民をめぐる外交にも新しい思潮を与え、移民と主流社会の関係を調和する方法が求められることになった。これまで競争、協力、妥協により成り立ってきた日本人と主流社会との関係は新しいバランスのとり方を探ることが必要とされたのである。ＢＣ州の自由党の議員は、反日法案の立法化を妨げたダンズミアのＢＣ州総督就任を正当化できるのは日本側から書面による移民制限の約束を得られる場合だけであると考えていた。[239]この問題について、ダンズミアなどの政治家と活動家が望んでいた速やかな解決方法を見つけることはできたのであろうか。

暴動の後に損害を賠償する手続きについては、バンクーバー警察や両国の高官が行う必要があったが、その際、外交においても新しい方針が求められたであろうと思われる。暴動の原因、バンクーバー社会への影響を見極めた石井菊次郎通商局長は、「[抗日]連合の目標は日英通商航海条約の約定の批准を妨げる行為であった」[240]と林外務大臣に報告している。石井は「在オタワ総領事がその問題を平和的に公式の外交的手段を使用せず解決するようカナダ政府と接触する」[241]と記したが、この「公式の外交的手段を使用せず」という表現は極めて珍しい。「外交的手段」をとるべきイギリスの植民地省と外務省が交渉を担当しないということは、外交権を有しない自治領カナダが直接日本の政府機関と接触するということになる。この石井の提案は、オタワにも伝わったのであろうか。

相手国にも動きがあった。ウィニペグのカナダ商業労働連合（Canadian Trades and Labour Congress）は、「日本人の流入はカナダにとって有害である」とし、「日本との条約の撤廃を要求」し、ローリエに決議文を提出した。ローリエは、日本、中国とインドへ代表団を派遣するという意外な決断に踏み切った。[242]飯野・高村が指摘しているとおり、注目されるアジア移民の調査は、近づきつつある選挙の準備の一環であった可能性がある。[243]交渉担当者は実際に中国とインドに送られたのだろうか。ルミューは日本の後はインドを訪問する可能性もあったが[244]、東京での交渉が行き詰ったという理由、もしくは他の理由のため、ローリエへの書簡において、インドを訪れる計画を否定している。[245]

板挟みのような立ち位置にいたローリエは、ＢＣ州住民とカナダ下院の両方が満足するような解決法を見つけ出す必要があった。西部の深刻な状態を緩和すると同時に国内の評価を高め、日本への交渉担当者の派遣によって問題を解決できると思ったローリエは、速やかに日本に代表者を派遣した。移民を停止する目的で特使として東京に向かったのは、労働兼逓信大臣ロドルフ・ルミュー[246]とその補佐としてのジョセフ・ポープ（Joseph Pope）・カナダ国務次官であった。彼らの派遣は、ＢＣ州での異民族衝突と一九〇六年一月のカナダの日英通商航海条約への加入という二つの出来事を機に、女王管下のカナダ枢密院によって承認された。[247]チェンバレン植民地大臣の許可は下りたものの、カナダ代表団の派遣は通常のものではなかった。[248]バンクーバー暴動の勃発は政府機関の対応を必要としていたが[249]、日本側も、イギリス側も自治領からの特使の派遣を歓迎しなかったであろう。

外交権がイギリスに握られている自治領には、外国との交渉を行う訓練を受けた人材がいなかった。その役命を果たそうとしたルミューは、東アジアへの知識と外交の経験を持っていなかったため、情報を必要としており、彼のミッションの成功を望んだ政府高官は、彼に情報を提供した。例えば、カートライト商務長官は、横浜在住のイギリスの商人から得た現況と日本人の民族性についてのアドバイスをルミューに転送している。ルミューの出発の直前、一〇月二二日、彼は、こう記している。

かなり不思議なことに、私は、今日、日本人官僚の気質についてある程度分かる在横浜イギリス人商人からの連絡を受けた。彼は、彼ら［日本政府——I・S・］が言外の意を汲んだ示談に喜んで応じるが、日本人に対する差別のように見えるものを公に承認することに反対するという強い意見を持っているだろう。[250]

「言外の意を汲んだ示談」（"private arrangement between the lines"）は、交渉を成功に導く方法として挙げられ、ルミューの戦略に影響を与えたかも知れない。

バンクーバー事件を捜査したキングも、一一月一六日、ちょうどルミューが横浜に到着したころ、事件で被害を受けたバンクーバーの日本人への損害賠償が支払われたと電報によってルミューに報告し、[251]捜査で明らかになった移民業者の役割と移民を送り出す仕組みを説明したうえで、同月二四日と二六日に、カナダへの日本人の渡航を完全に止めるよう求めた。

私は、現在、貴方が、日本政府が日本移民業者を通じてカナダに移民を送り出すことを止めさせようと試みるようお願いしたい。カナダには現在、日本人が多数いるが、我が国は日本で大変よく知られているため、業者の仲介なしでもさらに多くの人々が来る可能性もあり、それにより、その数はどのような適切な制限によっても許容できないほどになるだろう。私の報告は、日本移民業者とカナダ在住のその代理人との間での取り決めが現在の大量の移民の原因であるというものである。貴方が彼らの事業を停止させ、それによって移民人数の制限を確保し、旅券の問題も解決できたら、貴方の任務の目的は完全に達成されるだろう。[252]

ルミューらが出発する前に、その来日が日本人のカナダへの入国禁止につながる可能性を恐れていた林外務大臣は、能勢総領事に、カナダ政府にその計画を止めさせるように説得することを要求した[253]。その指示に従った能勢総領事は、フィッシャー農業大臣宛の書簡において、カナダへの移民を「いつでも日本によって自主的に制限される」と記し、理解と協力を求めた。ルミューの派遣とイギリス政府の関わりについての情報を得ていなかった能勢は、同じ書簡で「カナダは我々の正しい考えに信頼し、いかなる条約の権利であれ制限をせず［中略］イギリス政府にいかなる提案もしない最大の努力をしていただきたい。でなければ、貴方の真剣な試みは何の成果も生み出さない[254]」と述べた。「何も（Nothing）」が大文字で記されているのは、日本側が、同盟という枠組みでイギリスとの信頼関係を構築し、イギリスから支援を得ることを強く期待したためであろう。一〇年間の間に形成された日本人移民を排斥から保護する非公式体制が、今後も機能すると信じていたのであろう。

イギリス外務省が心配する理由もあった。カナダからの代表団の来日に不安を覚えた日本外務省と同様に、イギリスの植民地省は、時間不足という理由で、「ルミューに書面の信任状を提供[255]」しなかった。イギリスと従属的関係にあり、外交権を持たないカナダが直接特務大使を派遣することは、大英帝国の観点からすると、あまり都合のよいことではなかった。日本へのカナダの提案の内容をロンドン側は知らなかった。イギリス外務省からマクドナルド駐日大使宛に送られた電報の下部には、「我々はカナダ政府が提出する予定の提案の内容に関する情報を有していない[256]」という手書きのメモがある。マクドナルド大使は、ルミューの来日を楽観的に見てはいなかったであろう。

一一月一三日に東京へ到着したルミューとマクドナル駐日大使との接触は、直ちに円滑に行われたとは言えない。ルミュー到着後に行われた、マクドナルド大使との第一回目の会談も相互に信頼を欠いていた。

［ルミュー］は、過去、アメリカとの外交交渉において、カナダが宗主国によっていつも十分に公平に取り扱われていたとは限らないと指摘した。[257] 彼は、陛下の政府が我々を支持するなら、それはカナダに良い印象を与え、カナダの利害が時々イギリス政府によって害されたという感情を修復するであろうと述べた。[258]

ルミューとマクドナルドとの接触は、ローリエの特使派遣の権限を疑った。ルミューが加米国境問題が難航すると仄めかし、宗主国がいつもカナダを支持したとは限らないと訴え、支援を求めたのに対し、マクドナルド大使は帝国全体の利害を優先すると強調したうえで、協力することを約束した。当面、自治拡大を望んだ自由党の政治家と帝国の権限を守ろうとしたイギリス側には見解に相違が見られた。

ローリエに電報で状況を報告していたルミューは、マクドナルド大使がカナダの代表者を日本側に紹介するだけに止めるというロンドンからの最初の指示を受けたと記した。

サー・クロードは、私を紹介することのみ指示された。日本人移民の問題に関して日本で激しい騒ぎがあることを考えると、私には実際にサー・クロード・マクドナルドの積極的な協力が必要である。そのため、彼はそれに合せて、一八日の月曜の初回の会談を延期し、林公爵にもその旨通知した。[259]

後にロンドンよりカナダの代表者を支援するようにという指示を受けたマクドナルド大使は、ルミューとの初回の会談では大英帝国全体の利害を優先することを強調し、[260] ルミューがデリケートな場にいることを示した。帝国の構造内部での上下関係に矛盾する状況は、今回のルミューとマクドナルドとの関係を複雑にするものであった。イギリス政府は「人種同一性」の構想をもっても、大きな反響を及ぼした暴動が日本帝国との確執の原因になる可能性があり、何らかのかたちで日本人の権利を守る必要があった。異民族間の緊張の継続を恐れたカナダ側は、新来者に扉を閉じ、ＢＣ州内の状況を落ち着かせる必要があった。

初めてカナダの代表者として来日したルミューは、日本人が急増している西海岸への移住を最低限にするという目的をもち、両国関係に損害を与えないかたちで、具体的な入国者数を決める制度を定めたいと考えていた。日本は、将来の両国貿易などの経済交流の展望がある東アジアの大国であり、一九〇七年の西海岸への移民の流入に伴い発生した暴動事件のようなものが起きないよう努めたかった。

イギリス側に協力を求めようとしたルミューは、マクドナルド大使に提案の主要な内容が記載された覚書（memorandum）を見せた。従属的地位をもつカナダが単独で作った提案の内容は、帝国全体を代表するマクドナルド大使も知らなかった。異民族間関係が暴動という極端な緊張に変わったことにより、制度の見直しが必要とされていた。カナダ側が考えた入国者数のコントロール強化は、異文化の浸透に違和感をもつ住民を落ち着かせ、社会を安定させうる。カナダ政府は、制度改正の手段として、割当て制度を使用しようとした。しかし、日英通商航海条約が定めた日本人の大英帝国領への入国の自由を奪うこの条件は、日本側に歓迎されるものではなかった。ルミューは、切り札として能勢の移民制限の約束を使おうと考えた。しかし、極東での外交経験があるマクドナルド大使は、それを楽観視しなかった。ルミューも、日本の報道が北米の反アジア人排斥を強く批判していることに気づいた。[261]

カナダ側の要求の内容が記載されている覚書は、マクドナルド大使が初めて見たものであった。その内容の修正を提案した彼は、覚書は「未確認のまま使用されると、国王と日本の天皇陛下との関係に打撃を与える可能性がある」と述べ、帝国と自治領の上下関係を再確認し、[262]覚書の内容を和らげるように勧告した。

ルミューの有力な論拠は、入国する就労者を年に三〇〇人に制限するという能勢が交わした約束であった。第二章で示したように、その確約があったからこそ、カナダ議会は日英通商航海条約を批准したのである。口頭の約束を受けたカナダ側は、割当て制度を手段として、年間入国者数を三〇〇人に限定する書面上の承認を獲得するという目的を持っていた。[263] しかし、ルミューから日本人のBC州移住問題の深刻さと重要性について説明をうけたマクドナルド大使は、年間入国者数を限定するのは日本側にとって不利な条件であり、林外務大臣から書面上での確約を得るのは難しいと述べた。[264]

林外務大臣と話し合いを開始するまでには、ルミューは当初数日間を想定していたが、実際には、一〇日間程かかった。交渉開始の延期は、これまで研究者に注目されてこなかったが、ルミューが日本で思っていたより激しい日本人移民に関する騒ぎを目の当たりにし、お互いの立場の調整や覚書などの修正をするためによるもので、状況の難しさを表している。キャンセル（Cancelled）とマークされたカナダ総督への書簡で、ルミューは次のように記している。

> 私はそれより早く交渉を開始するための［林外相――I・S・］の約束を取りつけることができたであろうが、交渉に入る前に陛下の政府より全面的な支援をいただくことが望ましいと考えた。[265]

この送られなかった総督への書簡において、ルミューは打ち合わせの結果で得られたイギリスからの支援を高く評価する一方で、一〇日間の交渉開始の延期によりその誠実さを疑ってもいる。イギリス大使との立場の調整は、自治領と宗主国の上下関係を表すとともに、ルミューに外交経験がないことから与えられた課題に対する不安をも表しているであろう。

ルミュー、マクドナルド大使、Ｆ・Ｏ・リンドリー（F.O. Lindley）イギリス大使館書記官そしてジョセフ・ポープに代表されるカナダ側と、林外務大臣、珍田捨巳外務次官、石井菊次郎通商局長に代表される日本側が交渉の顔ぶれであった。[266] 林外務大臣との折衝は、予想外の展開となった。一九〇三年に能勢と取り交わした入国者を三〇〇人に減少するという口約束があり、日本が自主的に移民を制限したにも関わらず入国者が急増したというルミューの主張は、能勢が総領事に与えられている権限を超えたことを理由に、林外務大臣によって否定された。[267] ルミューは下記の通り、会議を描写している。

林外務大臣は、私の覚書が読み上げられる前に、日本政府は［日英通商航海――Ｉ・Ｓ・］条約のいかなる修正若しくは移民の人数を制限する新しい協定に同意しないと明言した。覚書の結論が概ね能勢氏がサー・ウィルフリド・ローリエに与えた保証に基づいていたため、林伯爵は領事が与えた確約に対して驚きを表した。私がその書簡を提示したら、林伯爵と珍田男爵の両者は能勢が総領事に与えられている権限を超えたのだと述べた。[268]

こうして、能勢の確約は、ルミューの期待を裏切った。しかし、林外務大臣はカナダ側の提案を検討すると述べ、カナダ行きの旅券数を一定の数まで減らす可能性を探るという曖昧な形で初回の会談を終了させ、日本人のカナダ入国の自由権を堅持しようとした。

初回の交渉の結果を受けたルミューは、与えられた課題の難しさを実感し、宗主国の支援に頼らざるを得ないと判断した。翌日、マクドナルド大使と会談を行った彼は、日本側との会談の結果について語った。マクドナルド大使は、イギリス政府にその状況について伝え、政府関係者はこの問題の深刻さを理解していると述べた。また、彼は、ハワイがアメリカの領土であるため、ハワイからの再移住の問題を解決することは難しいと付け加えている。

能勢総領事との約束を拒否した林外務大臣は、ルミューとの会談の翌日にマクドナルド大使と非公式に話し合い、「彼は問題の重大さと危険性を知り、［中略］政府の大臣は全員この問題について同意している」[269]と説明し、ハワイがアメリカの管轄の下にあるため、ハワイからBC州への再移住は最も複雑な問題であると指摘した。

一〇日間に何回かにわたって討議を行った林外務大臣は、一二月五日にルミューに日本人就労者のカナダへの移住制限について書面上で約束すると伝えた[270]。彼は、「日英通商航海条約への無条件の同意」と、要求に応じて両国臣民の入国の自由を与えるその条約の第一条を改正して「全く同意しない」という二つの選択肢があると言い[271]、「その条約が保障する権利と特権の完全な行使を要求する」とルミューに付け加えた[272]。そのうえで林外務大臣は、日本政府が自主的に自国民のカナダへの渡航を禁止すると同時に、(a)日本人在住者、(b)その家内使用人、(c)カナダ政府が渡航を許可した日本人契約労働者、(d)日本人経営の農場のための農場労働者という四つのカテゴリの渡航者の入国許可を求めた[273]。日本政府は、家内使用人と農業労働者の総数が年間四〇〇名を超えないという文言を駐日イギリス大使への書簡に加筆することを提案したが、それ以外、書面上で保証することはできないと明言した。また、林外務大臣は、バンクーバーとヴィクトリアへの日本人の入国を監視し、ハワイ、アメリカ合衆国行きの入国許可と許可なしの日本人の入国拒否を提案した[274]。

ゴーウェンも強調しているように[275]、ルミューは、カナダ総督サー・ルイ・ジェッテ（Sir Louis Jetté）への書簡の中で、この日本側の提案を「現況では我々の大成功だ」[276]と評価し、カナダ政府がこの日本側の提案に納得すれば、交渉は概ね成功し、帰国してもいいと判断し、ジェッテにシベリアかサンフランシスコのどちらの経由で帰国した方がいいかと尋ねている[277]。また、駐日フランス大使などにも、じきに帰国すると伝えている[278]。

しかし、ルミューから日本側の提案を伝えられたローリエの返答は絶望的なものであった。彼は、それに納得できず、一二月一三日の書簡において農場労働者の入国に対してとくに反論し、[279]ルミューに協約の内容を見直すよう求めた。ルミューからの詳しい説明を含む書簡が届くには三週間かかったため、ローリエは、交渉の経過を一二月初めに短い電報で把握することしかできず、[280]ルミューの論拠を理解できなかったであろう。そのため、彼は、折衝の結果は「満足できるものではない」とルミューに電報で伝え、「林公爵の声明は十分に具体的なものではなく、無制限の日本人が入国する扉が開いたままである」と述べた。[281]

交渉中に日本側の立場をより理解するようになり、彼らの立場に同情するようになっていたルミューは、カナダ総督に理解を求め、カナダ政府を納得させるために総督の協力を期待していたかも知れない。彼は、日本側の(a)と(b)は見直すことができないが、(c)「カナダ政府が渡航を許可した日本人契約労働者」の入国制限はＢＣ州の反日煽動の問題を解決できるだろうと強調し、[282]さらに、渡航を許可するのがカナダ政府の権限であるという林外務大臣の理解を評価した。ルミューは、(d)の農場労働者に対する年間割当てを二〇〇名に制限することだけを努力すれば、カナダ政府は協定の締結に納得するのではないかと総督に宛てて書いた。[283](d)に関する約束を得られたら、自治領政府がこのような協約の締結を拒否する理由はないと記した[284]ルミューは、交渉が成功するまでもうあと一歩だと思い、満足な成果はほぼ確実だと考えていた。

ルミューは日本からの移民停止という目標を達成しようとする一方、同時に日本側の立場も理解しようとしていた。このことは、交渉で得たい結果を検討するマクドナルド大使への機密扱い書簡から分かる。「日本政府は現況の条件の下でカナダへ渡航する移民、家内使用人、農業労働者の総数が年に四〇〇人を超えないと確信している」[285]という発言は、ルミューによって数回にわたって修正された。[286]外交の経験のないルミューは、日本政府との協定の文章の内容を懸念して、次々と文章を修正し、「確信している」を「意図しない」に、「条件」を「規則」に変えた。それは、マクドナルド大使の不満を招いた。こうした文章の修正は、ルミュー自身の懸念と不安を表している。協定の文章の表現に表れた違いには、二人の政治家の性格と日本との折衝の経験、もしくは自治領と帝国の立場の相違が反映されているのかもしれない。マクドナルド大使は「文章全体の条件は満足できるもので、カナダ政府がそれを承諾しない場合、私は完全に［交渉を――Ｉ・Ｓ・］撤退する」(I wash my hands of them entirely）と感情的に述べるとともに、「日本が問題を解決するにあたり可能なことは全て行った」[287]として、大使自身の複雑な感情を現わしている。日加両国が満足できるような解決方法が存在しない状況の下で、何らかのかたちで折衝を纏めなければならなかった。

ルミューは、一九日のローリエへの電報において、「日英通商航海条約が日本人に認める権利の制限は、日本政府との交渉における敗北を意味し、大きなトラブルの原因となりえる」[288]とローリエに必死に伝えた。彼は、日本政府がバンクーバーとヴィクトリアに派遣する監督官が許可なしに入国しようとする日本人を帰国させることがＢＣ州住民の不安を解消するだろうと考えた。実際には、下記に示すとおり、カナダ下院の会議では、同様に西部にも日本からの入国者を監視する監督官を派遣する提案があった[289]。

電報の最後に、ルミューは、日本政府から勧められた移民を取り締まる制度を、一年間試すことを強く提案し("Strongly advise it for a year.")、ローリエを説得しようと考えていた[290]。帰国後、彼は、翌年一月二一日にカナダ下院において、議員の前でも、協約に半年間[291]の試用期間があれば、協約の機能を確かめることができるとしてその主張を繰り返した[292]。二日後のカナダ下院の議会では、バンクーバー市のマクファーソン議員も数か月間日本政府の約束の実施を確認した方が良いとルミューの提案を支持した[293]。これまでの研究において協約の試用期間は、注目されていなかったが、おそらく協約が成立した要因の一つであったと考えられる。

二〇日の返答の電報で、ローリエは、カナダ下院が日英通商航海条約を批准したのは日本人のカナダへの入国が効果的に制限されるという確約があったためであり、日本政府はそれを受け止めて、移民制限政策をできるだけ明確に説明するものをカナダ下院に提出すべきだと主張した。彼は、もし年間入国者数が明確にされなかったら、同様な効果のある規則もしくは移住者の出身地域での旅券発行の制限などの措置がとられるべきだと訴えた[294]。さらに、一二月二一日の電報においても、ローリエは、日本政府の提案はよく理解できないと記した[295]。ローリエは、ルミューがとりつけた協約の内容がよく分からなかったのか、それとも、野党、労働組合などの圧力を受け、失敗を恐れ、交渉の成果が野党などを満足させるものではないと判断したのであろうか。

カナダの代表者、そしてイギリス大使からの要求に直面していた林は、ルミューが考えた協約の締結をできるだけ延期しようと思ったのであろうか[296]。林外務大臣は、国内状況も考慮しなければならなかった。同年一月に立憲政友会総裁を引退した野党の代表者大隈重信は、バンクーバー暴動事件後、「アメリカとカナダの偏見は日本を制した」と述べ、政府を批判した[297]。林外務大臣は、カナダとの交渉において強気のスタンスを示す必要があった。同時に、同年のアメリカからの日本人移民受け入れについての強い反発を受け、日本政府は、既に日本人の海外移住先を南米及び新しい勢力圏である朝鮮半島と中国東北（満州）に変更することを計画し、各知事にアメリカ行きとカナダ行きの旅券を発行しないよう指示していた[298]。

ルミュー・林の交渉は、突然の結末を迎えた。一二月二三日にカナダの政府と議会への声明を行った林外務大臣は、「日本政府はカナダへの日本人移民を制限する効果的措置を実施する」と述べるに止まり、実質的に移民を制限する手段を明確にしなかった[299]。返答の覚書では、日本人は日英条約により自治領カナダに自由に入国する権利を有するが、日本政府がその権利を主張するつもりはないと述べられていた[300]。

林外務大臣の覚書が発表される前に、調和を好む政治家として知られるローリエは、交渉が成功に向かっていると考えていたルミューに対し[301]、即座に帰国し、議会で日本側との交渉の結果を説明することを命じた[302]。林・ルミュー交渉の評価は様々であるが、結果的に交渉は結末を見ぬまま終わった。林外務大臣は、交渉が中止されたと考えていた[303]。ローリエは、アジア人移民の入国が制限されると、問題は自然に落ち着くだろうと思っていたが、到ってそれをしない日本人に対して新たな暴動が起きるのではないかという懸念を抱くようになった。さらに、選挙も近づいてきた[304]。選挙の前に自由党政権が批判されることを懸念していたローリエは、日本が自主的にカナダ行きの移民を制限すれば、ＢＣ州において新しい暴動事件が起きないだろうと考えた[305]。

突然の交渉の中止は、日本とカナダの新聞において注目を集めた。ＢＣ州の『デイリー・コロニスト』は、数多くの事件関連の記事を掲載した。三日後、『ロンドン・タイムズ』の記者も勤めるブリンクリー中尉（Captain Brinkley）が編集している『ジャパンズメール』(*Japan's Mail*) は、日本人の受け入れを好まない社会に移民を送ることは妥当ではないと述べ、移民の停止によって問題を避けたいとするイギリス側の見解を表している[306]。『デイリー・コロニスト』によれば、『日々新聞』と『毎日電報』は、日本は友好的にその問題を解決し、日英通商航海条約の改正を求めてはいないと交渉の結果を解釈している。しかし、『時事新報』は、それを否定し、ルミューは移民を制限すると考えているかもしれないが、それは条約に反するものであると述べていた。『デイリー・コロニスト』が引用している『ジャパン・ガゼット』(*Japan Gazette*) は、「外交的ではない」(‘Were not diplomatic’) という記事を掲載し、ルミューと林の交渉は外交的なものではなく、カナダはイギリス政府を通じて外交交渉を開始すると述べた。今回の交渉が行き詰まったのだとする議論を避け、カナダが外交権を有していないため、日本と公式な交渉を行う権利を持つのはイギリスのみであるという議論にもっていったと強調している[307]。

ゴーウェンが指摘しているように、交渉は最初から成功の可能性が極めて低かったが、それが中止に至ったのにはもう一つの理由があった。[308]林・ルミュー交渉と同時に、ＢＣ州から戻り、日本政府発行の旅券をもつ移民が渡ってきていると報告したマッケンジー・キングの情報を受け、[309]カナダ政界は動揺した。一〇年前にプラヤー議員のアジア移民の脅威に関する発言に対して「我々はそれを聞き飽きている」と述べていた下院の議員とカナダ総督は、日本政府が意図的に「太平洋沿岸部を日本化している」[310]と考え、パニックに陥った。それまで、いつもカナダ下院のセッションの最後に短かく取り上げられるにすぎなかったＢＣ州の日本人および中国人問題は、一九〇七年一二月の議会では主要な議題の一つとなり、一二月中には何回か議論の中心となった。しかし論点は大きく変わったとは言えない。

一二月二日の会議で注目を集めたルミューの東京での交渉については、議会でローリエと対立していた保守党のボーデンによって取り上げられた。[311]ＢＣ州の労働階級とアジア人移民との間の問題としてそれを定義したボーデンは、日本が同盟国であり友好国であると強調したが、カナダでは「我々は我が国において人種問題があって欲しくない」("we want no race question in this country")と述べた。議会において、日本を同盟国として尊重しながら、その移民を受け入れないという見解が支配的であった。日本を中国と比べたボーデンは、日本が移民を自主的に制限したことを評価したが、一九〇六年のカナダの日英通商航海条約への加入を批判し、ローリエが議会を騙したと訴えた。彼は、条約が議会で批准された際、首相は日本が移民を自主的に停止し、それ以上移民を送らないと議員に確約したではないかとローリエを批判した。一九〇七年の日本人移民の急増は、日本が一九〇六年の条約の条件を守らなかったことによるものだと証明するものであり、この条約を廃止すべきではないかとボーデンは提案した。[312]五日後の一二日に同条約への加入の理由に疑問をもったＦ・Ｄ・モンク（F.D. Monk）議員は、その第一条[313]が日本人に入国の自由を与えるものであり、多くのカナダ人の不安を呼び起こすであろうと語った。そしてオーストラリア、ニュージランド、ケープ植民地、ナタールなどの植民地と自治領がこの条約に加入せず、自治領として加入したのはカナダだけであると述べた。[314] その条約関係書類の全てを公開すべきだと述べたモンクは、日本からの人の移動を減少させる方法として以前ヨーロッパで移民の渡航を取り締まる監督官を勤めたプレストン（Preston）を日本に派遣し、そこでカナダへの渡航者の人数をチェックすることを提案した。

日本はイギリスの同盟国であるとボーデンに反論したローリエは、ＢＣ州は東アジア以外の隣国を持たず、日本との貿易を発展させる必要があり、日本との友好関係を保持すべきだと述べた。[315] 彼は、日本がＢＣ州に直接移民を送らず、まず彼らをハワイに送り、移民たちはハワイを経由してカナダに渡航するという移住の経路がみられると語り、それを阻止するためにカナダの代表者（commissioner）としてルミューが東京に派遣されたと連邦政府の措置を説明している。[316]

ルミューの権限はどのようなものであったのだろうか。翌年一月にカナダ議会においてルミューへのヒアリングが行われた際、移民問題に関する発言をしたボーデンに対しては、ルミューの日本への交渉担当者の派遣の目的と移民問題に関して「交渉の真の目的とこの問題の位置づけ」（"exact object of his mission and the position this matter occupies"）について問うた。さらに、野党の保守党のモンク議員は、三回にわたって質問し、ルミューがいかなる資格で日本へ行ったのかを疑ぎを呈した。[317]

貴方はカナダからの公使として何［信任状——Ｉ・Ｓ・］を持っていったのか。どのような資格で貴方はそこにいたのか。[318]

三回目の質疑では、次のようにルミューの権限について疑ぎを呈した。

ノース・ヨークからの議員（フォースター様）はルミュー様の欠席［日本への訪問の途中――Ｉ・Ｓ・］について総理大臣（サー・ウィルフリド・ローリエ）に通信大臣［ルミュー――Ｉ・Ｓ・］がどのような権限をもって日本に行ったのかを尋ね、私が間違っていなければ、総理大臣はその時にそのミッションの性格がどのようなものであったのかを回答できなかったか、回答しませんでした。私がルミュー様にお尋ねしているのは、貴方は全権大使もしくは他の権限をお持ちだったのか、誰からその権限を得たのか、ということです。(319)

自らの資格を正当化しようとしたルミューは、カナダ政府がイギリス政府に通知し、手続きとしてやるべきことをやり、イギリス政府に報告したと返答した。彼は、エドワード・グレイ（Edward Grey）イギリス外務大臣がマクドナルド駐日大使へ指示し、マクドナルド大使が彼を林外務大臣に紹介したと述べた。(320) ルミューは、このような返答をもって帝国政府への忠誠を示そうとした。彼には、特使などの資格を確認できず、ローリエもまた、はっきりと返答できなかった。ルミューは、特使ではなく、カナダの代表者として東京で交渉を行ったと述べた。

私は、私の同僚の代表者で、カナダ政府の代表者としてそこにいました。それが労働に関する問題であり、私が労働大臣であったために選出されました。しかし、皆様、私は植民地を代表する、大使の資格を持っていなくても、日本政府が私を、とても謙虚にうやうやしく、丁寧に迎えたということを喜んで申し上げます。(321)

こうして、カナダ議会においても、野党の代表者の声により、日本とイギリスでその派遣の意義が問われたルミューの任務の権能についてが疑問が呈されたのである。

多くの研究[322]では、一九〇七年一二月のルミュー・林交渉の結果により達成された協約は、お互いに利益のあるものとして評価されているが、そうではなかった。協約における日本人のカナダへの入国の自由の権利を主張しないという文言は、カナダ政府への配慮と、その問題の再検討という二つの側面をもっていると思われる。一か月間続いた日加交渉の結果は、曖昧な表現というかたちとなり、ある程度の進展は見せたが、問題の解決にはならなかった。

交渉の過程において自治領と宗主国には協力と葛藤も見られた。権限をめぐる駆け引きを始めたマクドナルドとルミューは、一か月間、共に日本側との交渉を行う過程で共同で決断をすることもあり、カナダ政府の要求に対してほぼ同じような態度をもつようになった。次節では、ルミューの東京での交渉がどのように位置づけられるのかという点について、一月のカナダ下院での討論の分析を通して明らかにする。

第3節　カナダの政治における紳士協約をめぐる議論

スギモトは、カナダにとって東京への代表者の派遣が国際舞台への登場より国内政治へもたらすインパクトの方が大きかったと指摘している。[323]実際、どのような影響があったのだろうか。一九〇〇年から続く日本人移民をめぐる与野党の論争は、暴動事件の影響を受けて激化し、再び移民と国家の関係を問いかけることになった。移民に関するBC州内の議論は、カナダ下院に移った。見解が多様化し、BC州政府が国際政治の要因を重視するようになったにも関わらず、「危険なもの」(danger)として日本人や他のアジア人移民を類別したボーデンとマクファーソンなどは、西部の空間の民族的多様化を認めず、二〇年前と同様に民族的同一性を訴えた。一二月のボーデンの議論で強調された「脅威」は、マクファーソン議員によっても繰り返された。

この問題は、ブリティッシュ・コロンビア出身の議員以外の下院の議員が想像できないほど同州の住民への大きな可能性と大きな危険性に満ちている。(324)

ボーデンは、日本人受け入れ禁止を主張し続けた最初の議論から七年後には日本の発展を認めるに至ったにも関わらず、彼らの社会統合を否定し続け、日本とカナダとの非公式の約束の意味と内容を問い、さらに、政府がカナダ、特にその西部を日本人移民から保護するための十分な措置をとらなかったと批判した。(325)

東部の政治家による日本人の評価は全てが否定的であったとは限らず、二面性がみられた。膨張政策をとっていた東洋の大国日本を高く評価していた東部の政治家は、移民の受け入れを恐れていた。例えば、ヘンリー・Ｈ・ミラー（Henry H. Miller）下院議員は、中国人の追放を主張したＦ・Ｄ・フォスター（Foster F.D.）議員を批判し、中国人は貧困なため、彼らに人頭税を課して追放するのに対して、日本人を日本との貿易が発展しているから歓迎するという理由づけを批判した。中国が急速に発展しているとして、将来は日本より中国の方が貿易が発展するだろうと考えた(326)モンク議員は、「私は日本人を嫌っているように振る舞うことはよほどできず、この国民［日本人］に対して最大の敬愛を持っている。彼らの文明は半世紀の間に驚くべきかたちで進んだと思っている。彼らは素晴らしい民族である。私は多くの面で彼らに大変敬服しており、彼らが我々より優れていると認める覚悟がある。しかしここで忘れてはならない一つの事実がある。私たちは、まったく疑いなく、証明されているあることを経験している。東洋人の文明と生活様式は、我々のものとは全く異なる。ここではどちらの文明が優れているか、どちらの生活様式がよいのか、どちらの統治の仕方がよいのか、というような議論は避けよう。彼らはまったく違うということを述べるだけで十分である。東洋人とアーリア人との融合が困難であることのもっともよい証拠は、我々がすでに何世紀にもわたって極東に支配体制をしいているにもかかわらず、いかなる意味合いにおいても我々は彼らと融合していないという事実である」[327]と述べている。経済成長とイギリスの同盟国という点で日本を高く評価した彼は、東洋人移民を「脅威」("It is dangerous")と定義し、「インド、中国、日本」が膨張の意欲を持ち、自らの帝国外部に入植のための新しい地を求めているというヨーロッパの「黄禍論」と同様の説を呈示した。彼は、国家建設の過程にあるカナダは、異質の文明と融合できず、移民の入植を許すべきではないと主張した[328]。暴動事件、そして日本との直接交渉にまでエスカレートした移民をめぐる議論は、新しい考えを生み出し、脅威論を呈したのである。

一二月・一月と続いていたアジア人移民に関する議論は、一月二一日の下院でのルミューの報告によって新しい段階に入った。交渉の途中でローリエからカナダに呼び戻されたルミューは、下院において日本へのカナダの代表者を派遣するローリエの決断を弁護する必要があった。ルミューは、このような考えから下院への報告を行い、議員たちに日本側の曖昧な提案を受け入れるよう説得させなければならなかった。彼はそれが(1)BC州の労働市場を動働力の需要の大きな高まりという問題から救い、(2)自治領政府によるBC州の法案の無効化を正当化し、(3)ローリエ首相の政策を正当化するものであると主張した。日本人流入の減少は需要を低める可能性があるが、一月の時点でそれが機能するかどうかは不透明であると述べ、前節で既述したように試用期間の必要性を主張した。ルミューは、まず第一に、カナダの新聞が掲載した折衝の結果が不正確であることをはっきりさせた。交渉の経過を紹介した彼は、全ての交渉が非公開で、その進展と結果について謝罪するつもりはなく、自分の義務を果たしただけだと訴えた[329]。中国人と日本人の両民族集団のそれぞれの移住の特徴を比較したルミューは、日本が自主的にカナダへの移住を制限したため、今後日本人移民の人数が増えない限り、日本人に対して人頭税のような特殊な措置を導入する必要はないと語った。[330]

日加交渉が達した顕在的な「黙約」[331]（"tacit understanding"）によって日本人の入国者の急増は抑えられると主張したルミューは、日本政府がＢＣ州において不安を呼びおこさないように日本人の渡航を規制していることを強調した。彼は、チェンバレン植民地大臣が提案したナタール法令に基づいた対アジア人政策を否定し、その政策が採用された場合、日本人を完全に排除することを意味すると主張した。[332]

反日煽動の原因について語ったルミューは、移民業者が入国の自由を保証する日英通商航海条約の第一条を都合のいいように解釈し、数多くの日本人集団をカナダに送ったのだと説明した。

> ブリティッシュ・コロンビア州の［反日――Ｉ・Ｓ・］煽動の実際の原因は何だったのだろうか。それが、第一条を制限のないとする一部の移民業者による解釈であることに違いない。それが、在加日本人移民に対する煽動の原因となったのである。［中略］日本政府は、移民保護法として知られる法律を採択した。［中略］日本からの移民は基本法令によって律されている。政府は、それに基づいて海外へ移住する許可が与えられた者の海外渡航およびその渡航が行われる条件に関する規則を作成する権限が与えられている。その規則は日本が分けられているいくつかの県の知事に通知される。[333]

ルミューは、スピーチの中で一九〇四年以降の移民の急増を示す統計を取り上げ、それが日本政府の責任ではなく、キングの捜査で存在が明らかにされたバンクーバー市およびハワイの二社の移民斡旋会社[334]の活動の結果であると主張した。[335]しかし、彼は、日本外務省が一九〇七年に九〇〇名分のカナダ行き旅券を発行したことについては言及していない。また、一八九六年に日本で制定された移民保護法[336]で定められたように、海外移住は政府の許可だけで可能であり、旅券が外務省によって発行されるという条件は、政府が許可していない国と地域への移住を不可能にしており、一九〇三年の能勢の確約は日本政府が自主的に旅券発行を制限することであったが、独自に事業を展開している業者に対して、日本政府はどのようなかたちで事業の停止や小規模化を求めたのだろうか。また、民間業者の活動がBC州における移民増加の原因になっていたとしても、煽動の主要な原因はそれではなかっただろう。ルミューは、BC州社会の偏見や地方と中央政府の対応の不十分さの代わりに移民業者の活動をもたらし、業者に日本人移民の増加の責任を負わせようとしたのであろう。彼は、一九〇〇年より一九〇七年にBC州からの苦情はなかったというが、実際には排斥法案が何回も提出されている。日本人移民への偏見が失われておらず、BC州社会はその間にも排除的であった。

日本の海外移住に関する方針の変更について、ルミューは、東京で得た情報に基づいて、日本の勢力圏が朝鮮半島と東北中国（満州）に変わり、日本人のアメリカおよびカナダへの渡航が日本の政策と合致していないことを強調した。

極東地域における日本の勢力圏は朝鮮と満州であると私たちは皆知っている。日本政府は移民を朝鮮と満州へ送り出し、植民地化することに全力を尽くしている。アメリカとカナダに来ている日本人は全員意識的な日本の財産の流出である。[337]

日本政府のアプローチを弁護するという微妙な立場に置かれたルミューは、一九〇三年より一九〇五年の能勢とローリエとの書簡のやりとりを詳細に説明し、議員に一九〇六年の日英通商航海条約への加入の正当性を納得させようとし、野党から強く批判された。[338] 前節で示したように、カナダ側と約束を交わす権限が能勢にあるかどうかが特に問われ、「黙約」の内容も疑われた。それに対して、ルミューは、日本政府がカナダ政府の要求に応じて、一九〇〇年より一九〇七年に約束に基づき何回もカナダ行きの移民を中止したこと、それによりＢＣ州での反日煽動の再発を妨げるという日本政府の見解を弁護し、それが今回の日本へ派遣された自身の任務成果（"this is the result of my mission to Japan"）であると述べた。[339]

「最後の手段」としてルミューがとりつけた合意を評価したバンクーバー市のマクファーソン議員は、その合意が有効でなければ、日本人などアジア人移民のＢＣ州への流入を止めることができないと述べた。彼は、その協約が機能しているのかどうかについて、数か月間見極める必要があると主張した。

逓信大臣は日本から帰国し、下院と国家の前で、日本とカナダが合意した協定について自身の解釈を呈し、その協約が数か月の間に機能させるための猶予を与えるのが賢明であると述べた。我々は、それが有効であるかどうか、協約を実施してみることで初めて知ることができる。我々は、それと逆のことが確認されない限り、協約が成功するのだということを信じるべきである。［中略］私は、その任務が失敗であったと確認することになったら、ＢＣ州の人々が現在非常に警戒しているということを東グレーイの名誉会員に確かめることになる。それは何故かというと、彼らが、日本人と他の東洋人の流入から彼らを救う最後の手段が尽くされたと感じるからである。[340]

ルミューと同様に協定の効果を確かめる時間を求めたマクファーソンは、速やかな対応を主張し、満場一致で第三〇号法案を承認したBC州立議会を非難した。こうして、BC州の政界には、反対派は少数であったが、この問題にあっても見解が多様化していたことを表している。

中断された林・ルミュー交渉の成果は、批判や疑問があったものの、下院で承認された。それはルミューの任務が成功したことを示すのだろうか。「黙約」政策への期待、日本人移民脅威論、日英関係の重要性というくつかの性質のことなる要素が絡み合った。一年に四〇〇人という移民の割り当て制度の導入は、ルミューの日本への派遣によるカナダ側にとっては満足のできる結果だったかも知れないが、日本から見れば、平等の象徴になるはずの日英通商航海条約の、重要な項目であった大英帝国の領土への入国の自由の制限は、日本の国家威信を陥しめ主権を制限するものであったのではないだろうか。林・ルミュー協約あるいは紳士協約と呼ばれる東京での任務の成果は、従来の多重構造的で複雑な交渉システムの幕を閉じる可能性があったが、日本人が大英帝国の自治領に入国する自由についての問題をカモフラージュしただけであろう。この未解決の問題は、日英関係に影響を及ぼし続けた。

さらに、下院でのルミューの報告は、従来のとおり、与野党の論争の的となり、自由党政権により派遣されたルミューは、ローリエ首相の決断を支持する必要があった。BC州の政治家たちは、日本人移民の入国の自由を否定してはいても、その取締の方法や日本人の州内の位置づけについてはそれぞれ異なる意見を持っていた。BC州立議会の姿勢と満場一致で法案が採択されるのをとめなかったマクブライド首相の行動を批判したマクファーソンは、ルミューが日本側と交わした約束に期待し、それが機能しているかどうかを確かめるための時間が必要だと主張し、その試用期間を必要とするルミューの考えを支持した。BC州首相の任務中にローリエと接触のあったBC州総督ダンズミアは、一九〇七年の春に日本人移民の排斥法案を無効化した。一〇年の間BC州立議会とカナダ下院で続いていたその論争はＢＣ州の政治を変え、より広い視野をもち、連邦の姿勢を理解する地方の政治家の割合を、多少なり増やしたであろう。

ルミューらを日本へ派遣するという決断は正しかったのだろうか。ルミューの任務の成果をどう評価すればいいのだろうか。二〇世紀初頭に、日本人と他のアジア人がアングロ・サクソンの文化に適応できないというアングロ・コンフォーミティーの発想に基づいた考え方を変えることは不可能であった。しかし、日本との同盟関係、日本の近代化および国際舞台での活動に対する高い評価が、移民を排斥する法律の採択を防いだ。日本人の帰化の拒否、日常的ゼノフォビア、さらに入国制限が国家の威信を陥めると受け止めていた日本側は、日英通商航海条約の第一条が定める入国の自由をカナダに求めていた。ルミューの任務は、双方が妥協できるような手段を探ることであった。カナダ側が提案した移民数の年間割当て制度は、その時代に合せた妥協の仕方であったものの、日本の国際舞台における実績を影で覆う結果となり、日英関係に長期的な影響を及ぼすことになった。

ルミューの日本派遣は、国際関係の観点から見て無理な妥協へと導いたが、それはローリエの率いる自由党政権にとって国内でアピールするチャンスとなりうると同時に、大きな挑戦でもあった。外交の経験を有していないルミューは、全力を尽くしても、明確な成果をあげることができなかった。しかし、ローリエの支援を受けた彼は、一月二一日での下院の報告で、野党から強く批判されながらも、議員たちに東京での自らの行動の妥当性を説得し、日本との妥協案を通過させた。帝国の上下関係のある構造において宗主国の利害を尊重しながらも、ローリエは独自の作戦を試み、自治領にとって有益と思われる成果を収めた。しかし、前節で述べたとおり、林・ルミュー交渉は明確な成果を生み出さず、イギリス、カナダと日本との関係の複雑さ、そして大英帝国の構造変化をより明瞭に示したのみであろう。

一九〇八年一月に、日本政府がカナダへの日本臣民の渡航を事実上停止して以降、下院において、在加日本人移民はほとんど注目を集めることはなく、議論の対象は新しく渡航しようとする人々の入国可否に限られていた。例えば、同年四月には、カナダ太平洋鉄道株式会社がアルバータ州に招こうとする三〇〇名の日本人のカルガリー市周辺での定住についてが議論されていたが、反対の意見は特になかった。その際、日本政府は協約のとおり、連邦政府がこの三〇〇名の入国を許可するのを待ち、旅券の発行を留保していた。[341]

第4節　在加日本人移民とイギリスの対外政策

カナダの西海岸での暴動、突然東京に現れたカナダの代表者、BC州経由でのアメリカへの移民急増は、南の隣国すなわち、アメリカ合衆国においても注目され、そこでは緊張が増しつつあった日米関係への影響が認められた。一九〇七年より一九〇八年の日米交渉において、バンクーバー暴動事件を切り札として使おうとしていたセオドア・ローズヴェルト大統領は、カナダをアメリカの対日行動に巻き込もうとしていた。ここでは、自治領カナダを含めイギリスとアメリカとの行動が如何に異なったのか、また、日本の政治家が日米関係の将来性をどのように見ていたかを再検討する。

地理的条件から南の強大な隣国アメリカの影響を受けていたカナダ政府は、移民問題解決においても同国から協調を求められた。日本政府は、既に一九〇〇年に自国民に対してアメリカ行きの旅券の発行を停止すると約束したが、[342]その後も日本人はハワイ、メキシコ、カナダなどのあらゆるルートでアメリカに入っていた。そのため、ローズヴェルト大統領は、日本が約束を守っていないと考えていた。

ルミューが東京で日本外務省と討議を行っていた一二月、一六隻のアメリカの軍艦がハンプトン・ロード基地（ヴァージニア州）を出航した。その航路は軍艦が初めて南アメリカを回り、太平洋側のサンフランシスコに到着するというものであった。[343] グレート・ホワイト・フリート（Great White Fleet）と呼ばれるアメリカ軍艦の世界周航に出発したことによりアジア・太平洋地域の緊張は大きく高まった。[344] 一九〇七年七月に軍艦を太平洋に派遣することを決定したローズヴェルト大統領は、日本に圧力をかけ、移民の西海岸への渡航を完全に止めさせようと考えた。米海軍には日本の海軍に対して抵抗力がないと考えていた[345]彼は、太平洋への派遣が海軍にとって試練となるが、一九世紀末にアメリカの勢力圏に入ったハワイ、フィリピン、キューバなどの新しい属領を含むアメリカの勢力圏の拡大に貢献すると考えていた。五百旗頭によれば、ローズヴェルトは、「日米がお互いの立場と利益さえ尊重すれば、両国関係の調整は可能であると考え、日米間で勢力範囲を相互承認するとともに、冷静な移民問題への対応によって日露戦争後の日米摩擦の火を消し止めることに成功した[346]」が、以下にエスカレートしていく日米摩擦と在加日本人をめぐる交渉について簡潔に述べる。

在米日本人移民問題が深刻になり、艦隊の太平洋への派遣が決定した七月四日以降、アメリカと日本との間で戦争が勃発するとの噂は世界中のマスコミの煽りにより、広く広まった。数多くの現実と乖離した、信じがたいほど可笑しな予測を記した論文が新聞紙上に掲載されていた。新聞記者があり得ないようなストーリーを裏付けるために役人を追いかけたことは不思議ではなかった。例えば、グレート・ホワイト・フリートの軍艦がブラジルに到着する前には、ブラジルの警察が、爆薬を持ち込み艦隊へのテロを企てた疑いで何人かの外国人を逮捕した。[347] さらに、日本とアメリカのそれぞれにあらゆる支援を提案した者もいた。二年前に日本と戦ったロシア人海軍将校は、フィリピンでアメリカ軍の一員として日本と戦うために、在サンクトペテルブルグ・アメリカ大使館に電話をした。[348] 米西戦争で敗北したスペインは、反対に、アメリカ合衆国との戦争が勃発した場合、日本への支援を約束した。

日米関係と日本人移民に関するローズヴェルト大統領の見解は、彼の書簡や文書により異なっており、それらはしばしば矛盾することもあった。ある文書によると、彼は日本に対して慈善的で平和的な意図を確認していた。一方で、別の一部の書簡や政治家との半ば公式的な会談では、彼は好戦性を示していた。例えば、エリフ・ルート国務長官宛の手紙では、ローズヴェルトは、「フランス、イングランド、ドイツには、我々が日本と戦争をすると、我々が負けるであろうと思われている。私自らの判断では、日本との戦争を防ぐ唯一の方法は我々が負けないという感触を日本人にもたせることである。その感触を盛り上げ、鼓舞させる唯一の方法は我々の海軍を最高に効率化することである。今は艦隊全体を太平洋への実践的な演習に派遣する最適な時期である」と述べている。[349] この文章はローズヴェルト大統領の棍棒外交（Big Stick Policy）思想をよく表わしている。その目的は、「太平洋において海軍のデモンステレーションを行うことである」[350]。

ローズヴェルト大統領はバンクーバーの反日暴動が日本人移民問題に関するカナダ、そして可能であればイギリスの見解を変え、イギリスが日本人移民問題に対して協調することを望んでいた。次の書簡には、ローズヴェルトの意図がはっきり表れている。

駐ワシントン・イギリス大使ジェイムス・ブライスは、イギリス外務省に「おそらくワシントンの政府機関の職員とのインタビューによって動機づけられた機知に富んだ論文は、率直に、ブリティッシュ・コロンビアにおける混乱がイギリスと日本の政府との関係に持ち込んだ難題を歓迎している。それは、太平洋地域におけるアメリカ合衆国の立場を改善する際に全体的に効果を得られる可能性があるからである」と報告した。[351] こうして、イギリスの外交官は、アメリカの行動を監視し、自治領カナダがアメリカからどのような影響を受けているのかを分析していたのであろう。ＢＣ州への日本人移民の増加とシアトルの反日活動家の影響は、その分析対象の一つであった。一九〇七年一一月、ローズヴェルト大統領はカナダと日本との折衝について次のように述べている。

アメリカ合衆国とカナダの両国で、人口がこのように著しく増加したため、本土での黄色人種による占領を想像することは難しい。しかし、もちろん、日本人に対する暴動を許し、海軍の効率を最高の状態に保つことを拒否するというアメリカ合衆国側の愚かな行為は、残酷で侮辱的で悲惨な戦争に導く可能性がある。それは、フィリピンのみならず、ハワイから日本までの広い地域で起こる可能性がある。[352]

大統領の見解は、海軍を最高の状態に保つことである。海軍の役割は、日本との軍事衝突の場合に、海軍を必要な抑止力として使うことであった。

ローズヴェルトに日本との戦争やある種の公式な連合か同盟形成の計画があったとは考え難いが、一九〇七年一一月には、彼はカナダを日本人移民をめぐる交渉に巻き込もうとしていた。一一月一八日、ワシントンから指示を受けた駐日アメリカ大使トマス・J・オブライエン（Thomas J. O'Brien）は、マクドナルド大使[353]とルミューに接近し、アメリカとカナダとの協力関係と日本外務省に対する移民に関する共同声明を提出することを提案した。[354]アメリカとの関係が敏感な問題であることを理解していたルミューは、このことについてローリエに連絡し、オブライエン大使の提案を拒否したことを伝えた。それは、「我々はもちろん断った」（"we, of course, declined"）というルミューのローリエへの感情的な報告であった。[355]アメリカとの協力関係が林外務大臣との交渉に悪影響を及ぼすと心配していたマクドナルド大使も、オブライエン大使の提案を受け入れなかった。[356]

しかし、日本人の排斥政策を強化しようとしたアメリカ側は、カナダと宗主国イギリスの協力を得る試みを続けた。およそ二か月後の一九〇八年一月、日本へ圧力をかけようとしたローズヴェルト大統領は、共和党のジョン・J・マッククック（John J. McCook）大佐を通して、もう一度カナダとイギリスを対日行動に参加させるように働きかけるため、非公式外交という手段を選んだ。カナダの高官と関係を構築することを望んだ彼は、同月末、暴動事件を捜査し、西海岸の日本人の状況をよく把握していたカナダ労働次官ヴィリアム・ライオン・マッケンジー・キングをワシントンに招待した。[357] カナダの支援を求め、駐ワシントン・イギリス大使館を通さず、[358] イギリス政府と直接にコミュニケーション・チャンネルを作ろうと考えたローズヴェルトは、二回にわたってキングと非公式会談を行った。一月二四日、大手の新聞社と通信社の代表者が集まるグリディロン・クラブ（Gridiron Club）の例年のディナーの席で、初回の会談が行われた。カナダ経由でアメリカへ入国する日本人の阻止を考え、その面での協力を求めようとした[359] ローズヴェルトは、「日本［の政府――I・S・］は国民を自国に留めるようにすることを覚えなければならない」と強調した。[360] アメリカ側の史料における、これまで注目されていなかった米大統領の好戦性的態度は、キングを驚かせた。ブライス大使によると、マッケンジー・キング次官は、ローズヴェルトがスピーチの中で、日本に対して棍棒外交を行い、アメリカが戦争の直前の状態であるという強い発言をしたことに驚いた。[361] ローズヴェルトは、明らかに開戦までは考えていなかったが、もし仮に引き金となるような事件が起きたら、軍事衝突に踏みきった可能性もある。

ローズヴェルトとキングの交渉の経過と意義を分析したアメリカとカナダの歴史家の解釈は、異なっている。「二回目のキングとの会談は大統領を元気づけた」と論じたチャールズ・ニュー（Charles Neu）はローズヴェルトの好戦性をさほど見てとらなかったのに対して、[362] ドナルド・ゴルドン（Donald Gordon）は、ローズヴェルトとキングが会談について異なる記述をしていることを明らかにしている。[363] ローズヴェルトは、会談がカナダ側で企画されたと記しているが、キングはそれがアメリカの発案であったと述べている。この会談の準備と経過を分析したゴルドンは、ローズヴェルトとキングのどちらがその会談を提案したのかは不明であると論じているが、米大統領のイニシアティブではないだろうか。双方の政治家は、アメリカとカナダの西海岸における新しい国の企画について討議していた[364]。イギリスとカナダの史料によると、ローリエとカナダ総督サー・グレイは、ローズヴェルトのキングをイギリス政府との交渉の仲介者にする計画について懐疑的であった。サー・グレイ総督は、ローズヴェルトがカナダを日本との論争に巻き込もうとしていると恐れていた[365]。

ローズヴェルトは、「イギリスのサポートを得るための戦いで負けた」ことを知った[366]。同年二月にロンドンを訪れたキング次官は、イギリスの外交官との交渉においてローズヴェルトの代弁者とはならなかった。一八日のキングの出発の直前にアラスカの境界線問題でアメリカと衝突し、アメリカ人をあまり信用しなくなっていた[367]ローリエは、「キングがアメリカを代表してイギリスに行くことに不安を覚えている。カナダが抱える問題［を討議する――Ｉ・Ｓ・］ために行くべきだ[368]」と考えた。外務大臣サー・エドワルド・グレーとそのほかのイギリスの外交官は、ローズヴェルト大統領の対日共同行動におけるイニシアティブに対してローリエと同じ態度を示した。イギリス政府は「アメリカは［移民――Ｉ・Ｓ・］に対する異議を率直に表現したが、イギリス政府は大国との良い関係を損なうよりは、同盟を弱体化した方がいいと考えている[369]。」という見解であった。

ＢＣ州における日本人移民排斥運動のピークは一九〇七年九月であったが、これはちょうど日本とイギリスとの関係が一層深まり、さらにこの年にイギリスの同盟国となったロシアとフランスとの関係も発展した時期であった。そのため、ヨーロッパから遠く離れたＢＣ州の異民族間問題は複雑なかたちで日英関係、より広い視野から見れば、三国協商にも影響を及ぼした。

同盟国を模索する過程において、日本は様々な出来事や他国の行動を評価しながら、協力関係を構築することが可能な相手国を探っていた。北米の日本人移民問題においても、アメリカとカナダ、またカナダの宗主国であるイギリスも評価の対象となった。

日本の政治家は、日本人移民の受け入れに関するアメリカ及びカナダの宗主国イギリスのアプローチの相違について言及している。首相および外務大臣を経験した大隈重信は、『報知新聞』のインタビューにおいてサンフランシスコとバンクーバーでの反日暴動を比較した。彼はローズヴェルトの態度が日本人移民に対して敵対的になったことは絶望的であると指摘したが、バンクーバーについては「暴動者は労働者に限られ、他区による支援もなかった。当局は暴動を静め、日本人が自己防衛の措置を許可するまで日本人を保護するため全力を尽くした」[370]と述べている。日英同盟に尽力した元老および朝鮮総監伊藤博文は、中国での日英協調の意義について誰よりもよく知っており、「この問題は、非常に寛大に、和解の精神で取り扱うべきであると詳細な電報を朝鮮から打った」[371]。

アメリカ西海岸とブリティッシュ・コロンビア州における日本人移民問題の扱いの相違は、アメリカから欧州への日本の対外政策の重点の変化を表しているのではないかと考えられる。ユーラシア大陸を横断するような諸国家の団結の構想と最大の貿易相手国であるアメリカ合衆国との関係が緊張していたことが、日本の政治家や高官の報告などに見られる。日本人移民問題が原因で始まった対外危機を背景に、もう一人の元老後藤新平は、日本の対外政策における新世界、とくにアメリカと対立する可能性が高いと信じていた[372]。西宮によると、後藤は、アメリカとの関係が悪化した一九〇七年九月、朝鮮統監伊藤博文との会談で、「新旧大陸対峙論」を提唱し、ユーラシアの全ての大国が協力して、旧大陸と新大陸が対峙すべきとする考えを示した[373]。西宮らは、日英同盟や日露協商・日仏協約、さらには英仏協商・露仏同盟・三国協商などがユーラシア大陸における諸国家間の結びつきのベースとなったと論じている[374]。外交の経験を持たず、東アジアの国際政治の専門家でもなかったルミューにもフランス大使から協商の意義が強調された。[375] その協商は、イギリス、フランスとロシアとの経済・政治・軍事協力のための基盤となった。

二人の元老、伊藤博文と後藤新平がヨーロッパとの協力とアメリカとの対立について話し合ったことも、日本の対外政策の方針が変わりつつあったことを表している。

外交危機や中国東北における日露協調の下で、後藤は、ロシアから鉄道レールの輸入開始についてロシア人実業家と交渉を始めた。それは、アメリカからの輸入依存を避けるためでもあった。[376]

日本人のアメリカ合衆国および自治領カナダへの入国制限は、日本とそれらの国との関係を悪化させた。アメリカとカナダは日本といわゆる紳士協約を結んだが、その結果はそれぞれ異なっていた。日米関係において、一九〇七年により一九〇八年の移民危機は一九〇八年のグレート・ホワイト・フリートの日本来航により落ち着いたが、長期的に見れば、それは、その後の対立の原因に繋がった。[377] 一方で、イギリスと日本は、注意深く危険な道を回避することができた。だが、大英帝国の自治領カナダへの日本人の入国制限は、対立の原因にこそならなかったが、その後の日英関係の発展に悪影響を与え始めた。

しかし、移民制限および日本人移民に対する人種を理由とした差別は、日本とイギリスおよびその自治領との関係において、続々と顕在化した。例えば、第一次世界大戦の初期には、三国協商の軍事協力が始まった際、イギリスは、フランスとロシアの支援を得て、公式の英仏露日の四国同盟を形成するため日本に協力を求めた。一九一四年八月末には、ロシア外務大臣Ｓ・Ｄ・サゾーノフ(Sazonov, Sergei Dmitrievich)は、イギリスとフランスの大使と協議し、駐露日本大使本野一郎を通じて日本政府にヨーロッパの戦場に三個師団を派遣するように要請した。[378] さらに、イギリス政府は、日本に対し地中海に軍艦を派遣するように依頼した。[379] しかし、日本軍の欧州への派遣は延期になり、課題は解決されなかった。イギリス側の史料によれば、日本政府は、中国における共同の経済活動と日本臣民の大英帝国の自治領への入国の自由という二点を日本軍派遣の条件とした(380)。それは、次のように記されている。

日本人が移民の苦しい問題を取り上げるであろうことはほぼ確実である。民間人一人が軍事行動に参加することがその問題の議論を可能にするだろう。もしこの問題が取り上げられた場合、将来的な解決のための基盤を作ることにする。しかし、日本側にとって移民問題が重要であっても、戦争で早く勝利することの方が、移民問題よりもはるかに大きな出来事であることをはっきりと説明することは可能かもしれない(381)。

このように、移民問題は、常に三国協商締結国と日本との間において交渉の障害として考えられていた。例えば、二〇世紀半ばの研究を行ったドイツの歴史家フリードリッヒ・スティーヴ（Friedrich Stieve）は、「今、日本にとって太平洋地域での最大のライバルであるアメリカ合衆国との衝突の脅威には、東京［日本政府――I・S・］がロシアと和解する動機もあった(382)」と述べている。日米関係の緊張は、またフランスとロシアとの接近の要因の一つにもなった。

日本を訪れたアメリカ国務長官ウィリアム・H・タフト（William H. Taft）に、日本側の実際の希望は、カナダ、あるいはより広い文脈においては、アメリカ合衆国、オーストラリアなどの自治領でも、日本人移民がヨーロッパ系移民と同等の社会的地位を獲得することであり、「日本国民は日本人とヨーロッパ人の不平等に基づいた条約を不快に思う」と述べている(383)。

本章では、バンクーバーで暴動が起きた後の労働大臣ロドルフ・ルミューの派遣について考察し、ルミュー大臣、マクドナルドイギリス大使、林外務大臣などの行動を再検討して、その交渉が何故行き詰ったのかを明らかにすることを試みた。さらに、ルミュー大臣とマクドナルド大使の見解の相違とその理由についても述べた。また、ルミュー大臣がオタワに戻った際に討議された日本との紳士協約について再検討することも試みた。新しい同盟が誕生しつつあり、一方で新しい対立が生まれた二〇世紀初頭には、移民が時代の変化のエージェントとなった。勤勉な日本人は、ＢＣ州の開拓に大いに貢献したにも関わらず、排斥の対象となった。移住先は、北米から南米、さらに朝鮮半島と中国東北へと変わり、北米での活躍の場はそれより以前に渡った僅かな人々に限られるようになった。白人の入植者たちの社会はアジア人移民を受け入れず、彼らに対し社会への扉を閉じた。しかし、実際にはその社会では、国際舞台での活動の実績のあった日本からの移民を注意深く取り扱うことになり、日本人移民に関する議論はカナダの政治の変化と多様化の要因にもなった。穏健派の自由党のローリエ首相や政府の関係者は、日本の権威に打撃を与えないように努力した。

カナダの若い政治においては、「植民地政治家は、政党綱領などの高邁な理念や使命感よりも、個人的な打算や感情によほど素直にしたがって行動し」[384]ていた。政党全体の政策よりは、政治家の各自の見解と活動が目立っている。一九〇〇年、ローリエにＢＣ州の排斥法案を通過させるように要求した保守党のダンズミアは、ＢＣ州総督になり、法案の無効化に努めた。穏健な態度を示したバンクーバー出身の議員マクファーソンは、ＢＣ州議会を批判している。ローリエの自由党政権は、このようなＢＣ州の政治家の一部の支持を得られなかったら、ＢＣ州の排斥法案は繰り返し出されていただろう。

大英帝国と強大な南の隣国アメリカの両方から影響を受けていたカナダは、エスカレートしていた日米対立に巻き込まれる危険性もあったが、ローリエはカナダ総督グレーとイギリスのチェンバレンなどの高官と協力して、アメリカの行動に同調しないことにし、日英関係の悪化を避けることができた。このようにして、移民問題を通して、アジア・太平洋地域の国際関係の変化を明らかにすることができる。アメリカの大国化、カナダの自治の主体としての最初の試み、日本の膨張政策の展開は、衝突の可能性を生み出した。移民は、東アジアの国の政治・経済活動拡大の一環であり、そのアジア・太平洋地域内において交流が始まった段階で、異文化要素として彼らの社会統合が困難であったことは自然なことだったのかも知れない。長いスパンで見ると、その壁を乗り超えるには、半世紀かかり、一九五〇年代末にようやく人種差別などをなくすことをめざす運動が組織され、差別撤廃措置が制度化された。

終章

本書では、カナダのアイデンティティ形成、政府と個人、交渉と外交の観点から日本人移民を分析し、ＢＣ州人口の民族的要素となった日本人移民が、その州のアイデンティティ形成、地方と連邦の政治、同州と連邦との関係に与えた影響を明らかにすることを試みた。

第一章は、ＢＣ州の異民族関係の構成、経済成長、州と地方の関係の特性という視点から見た日本人および中国人の主流社会との接触のあり方を論じた。一八六〇年代から同州に渡った中国人の次に移民として登場した日本人は、地域で成長していく鉱業、漁業、木材伐採業において大いに貢献し、人数が多くはなかったがあらゆる経済分野において存在感を発揮する民族集団となった。非熟練労働に満足していた中国人と比べ、日本人は最初は中国人より安い賃金で働いていたが、白人と同等の社会的地位を目指すようになった。国際舞台での日本の功績を背景に、低賃金で働く異なる文化をもつ日本人移民に、上層社会へと移動しようとする意欲をみてとった主流社会は、彼らを脅威として見なした。その結果、日本人に対して、日常生活レベルでの偏見が生じ、民衆と政治のレベルでの排斥運動が生まれた。労働者の集会と州政府への嘆願書の形で表れたクーテネイの排斥運動では、地方と州との間で執行権についての見解が異なるものであった。運動の参加者を支持したカスロの役所と、企業が展開する州の経済発展を優先する州政府とでは日本人移民に対する見解と行動における違いが明らかとなったのである。

第二章では、アジア人移民をめぐる論争を通して、カナダ政治が成立する過程において、政治主体の立法化、徴税などの権限の分離がいまだ完全になされておらず、それをめぐる中央と地方の議論が継続していたことを示した。日本人を排除する立法活動が始まった一八九七年から林・ルミュー交渉までの一〇年間は、BC州と連邦の政治における当該の問題にも影響を与えた。日本人の受け入れをローカルな問題として受けとめたカナダ下院議員は、E・G・プライヤーなどのBC州議員の発言、スピーチに対して、「それは聞き飽きた」と述べるなど消極的であったが、一九〇七年には、バンクーバーの暴動を背景として、数か月にわたって注目すべき主要な議題として討議した。BC州の政治においても、全体の姿勢は大きく変わらなかったものの、東アジア人に対する考え方はより多様になり、それまで政治家たちはほぼ全員が全面的に東アジアからの移民の受け入れを拒否していたが、一部の者の中には、日英関係を以前より重視する者が現れた。ダンズミアBC州総督などの一部の政治家は、排斥法案が成立しないよう努めていたのである。実業家としてアジア人移民を雇用し、BC州首相、そして、総督としても移民の受け入れ問題に対応したダンズミアは、BC州総督に就任するや、連邦政府の側に立ち、移民排斥法案を無効化した。こうした政治家たちの移民政策に関する変化は、連邦と地方の若い政界の発展を表しているだろう。

第三章は、アジア・太平洋地域の経済システムの変容を背景に、バンクーバー暴動事件を機としたルミューとマクドナルドの活動を通して、ルミュー外交から明らかになる大英帝国とカナダの上下関係の変化を再検討し、在加日本人と北米、欧州、東アジアという三地域の同盟締結への動きの加速化との関連を明らかにした。カナダ政府は、駐カナダ能勢日本総領事の移民を停止する約束を受けて、一九〇六年に、しばらくの間財政政策と移民問題によって妨げられていた日英航海通商条約を批准したが、移民問題は未解決のままで不確実なものであった。さらに、本章では、石井商務局長のシアトル訪問の日程が変更されなかったら、暴動がバンクーバーではなくシアトルで起きたかも知れないという可能性について論じた。一九〇七年の秋の暴動事件を契機として、既に数か国の機関が当事者となっていた日本人移民をめぐる交渉の構造が変わり、日加折衝の舞台は日本に移った。この突然の展開は、大英帝国のシステムを疑い、ルミューとマクドナルドの駆け引き、オタワとロンドンがもつ権限を確認することとなった。多くの研究で評価されている林・ルミューの数回にわたる会談とその成果としての協約は、カナダ下院において野党が主導した議論を経て、ルミューが提案した試用期間が考慮されたうえで承認された。

本書は、カナダのアジア人移民をめぐる外交を事例として、異民族、異文化接触、外国人受け入れの問題が政治の構造的特質を問い直す重要な要因であることを示そうとしたものである。三章から成る本書は、地方と中央、自治領と帝国、イギリスと日本という三つの枠組みにおいて、交渉の担い手の発想とビジョンが如何にして政治メカニズムを発展させたのかを明らかにした。

本書の目的は、筆者が平成二二年より二六年に実施した科学研究費助成事業の研究により、ＢＣ州の日本人の事例を通して、連邦、自治領、帝国という範疇を問い直し、世紀転換期におけるカナダの政治体制のあり方を再検討し、太平洋地域という大きな枠組みにおいてカナダ西海岸の社会の特性、及び、歴史学などのさまざまな分野で使われてきた「カナダ」という主体の、大英帝国、日本、アメリカ合衆国の外交構造における位置づけを明らかにすることである。未発掘のＢＣ州の史料、カナダ議会の議事録、ルミュー文書、イギリスの外交文書などの史料の分析に基づき、本書は、保守党を代表するダンズミアＢＣ州首相、ローリエ・カナダ首相といったカナダの地方ないしは中央の政治家たちが、東アジア移民を取り巻く異民族間関係を通して、自治領のあり方、州と自治領の間での権限の分配、宗主国イギリスとの関係を如何にして捉え直していくべきなのかを明らかにした。

注

【序章】

（1）角山幸洋『榎本武揚とメキシコ植民移住』同文舘、一九八六年は詳しい。

（2）McKeown, Adam M. 2008. *Melancholy Order: Asian Migration and the Globalization of Borders,* New York.: Columbia UP, 7.

（3）Barman, Jean. *The West beyond the West: A History of British Columbia,* Toronto, Buffalo, London: University of Toronto Press, 1991.

（4）Howay F.W., Scholefield E.O.S. *British Columbia: From the Earliest Times to the Present,* Vancouver: The C.J. Clarke Publishing Co., 1913.

（5）Buckner P. and Francis D.R. "Introduction" in Philip Buckner, others (eds.) *Canada and the British World,* Vancouver & Toronto: University of British Columbia Press, 2006, pp. 1-9.

（6）Bosher J.F. Vancouver Island in the Empire. *The Journal of Imperial and Commonwealth History*. Vol. 33, no. 3. September 2005, p. 349-368.

（7）Roy, Patricia E. *A White Man's Province: British Columbia Politicians and Chinese and Japanese Immigrants, 1858-1914,* Vancouver: University of British Columbia Press, 1989, viii.

（8）Adachi, Ken. *The Enemy that Never Was: An Account of the deplorable treatment inflicted on Japanese Canadians during WWII,* The National Canadian Citizens Association, 1976.

（9）Sugimoto, Howard H. The Vancouver Riots of 1907: A Canadian Episode. In H. Conroy and S. Miyakawa (eds.) *East across Pacific: historical and sociological studies of Japanese immigration and assimilation,* Santa Barbara, CA: American Bibliographical Center-Clio, 1972, p. 116.

(10) 飯野正子、高村宏子「ヴァンクーヴァ暴動に関する一考察」『津田塾大学紀要』第三号、一九八一年、二四頁.
(11) 飯野正子、高村宏子「ヴァンクーヴァ暴動からルミュー協約へ——日加間の交渉とアメリカ政府の働きかけ」『津田塾大学紀要』第一四号、一九八三年、四一-七二頁.
(12) Gowen, Robert Joseph. Canada's Relations with Japan, 1895-1922: problems of immigration and trade. Unpublished Ph.D. dissertation, the University of Chicago, 1966, p. 15.
(13) Ibid., pp. 83-110.
(14) Ibid., pp. 142-191.
(15) 河原典史「太平洋をめぐるニシンと日本人——第二次大戦以前におけるカナダ西岸の日本人と塩ニシン製造業——」『立命館言語文化研究』第二一巻四号、二〇一〇年、三五頁.
(16) Barman, Jean. Op. cit., pp. 147-148.

【第一章】

(17) Bosher J.F. Op.cit., p. 349.
(18) Gowen, Robert Joseph. Op.cit., p. 15.
(19) Bosher J.F. Op.cit., p. 349.
(20) カナダ草原部（Canadian Prairies）は、カナダ西部の地域である。それは、グレートプーレンズ（Great Plains）とプレーリー地方（Prairie）のカナダ、すなわちアルバータ州、サスカチュワン州とマニトバ州を含む。
(21) ハドソン湾会社（Hudson's Bay Company, HBC）は、現在のカナダに当たる地域における毛皮貿易などを行うため、一六七〇年に設立されたイングランドの勅許会社・国策会社であった。
(22) Bosher J.F. Op.cit., pp. 349-350.
(23) Ibid., p. 350.
(24) Barman, Jean. Op.cit., p. 354.

(25) Buckner and Francis. Op.cit., p. 6.

(26) 近年、「ブリティッシュ・ワールド」と呼ばれるようになった大英帝国の諸植民地の研究は、二〇〇〇年代に進み、独自の研究分野として確立してきた。Dubow, Saul. How British was the British World? The Case of South Africa. *Journal of Imperial and Commonwealth History.* Vol. 37, no. 1, March 2009, pp. 1.

(27) Buckner and Francis. Op.cit., p. 5.

(28) *Journals of the House of Commons of the Dominion of Canada.* The Fourth Session of the Eighth Parliament, Session 1899, vol. XXXIV, Ottawa: S. E. Dawson, 1899, July 7, 1899, p. 6837.

(29) 例えば、イギリスからカナダなどのイギリスの殖民地への移住の奨励については、Johnston H.J.M. *British Migration Policy, 1815–1830: "Shovelling out Paupers".* London: Clarendon Press & Oxford University Press, 1972. が詳しい。

(30) *Journals of the House of Commons of the Dominion of Canada.* The Fourth Session of the Eighth Parliament, Session 1899, vol. XXXIV, July 7, 1899, p. 6843.

(31) Ibid., p. 6842.

(32) Gowen, Robert Joseph. Op.cit., p. 15.

(33) Sugimoto, Howard H. *Japanese Immigration, the Vancouver Riots and Canadian Diplomacy,* New York: Arno Press, 1978, p. 96.

(34) 木村和男『カナダ自治領の生成——英米両帝国下の殖民地』刀水書房、一九八九年、九〇–九一頁.

(35) 飯野正子、高村宏子「ヴァンクーヴァー暴動に関する一考察」、前掲、八頁.

(36) 同上、二頁.

(37) Ward, W.Peter. *White Canada Forever: Popular attitudes and public policy towards Orientals in British Columbia,* Montreal & Kingston・London・Ithaca: McGill–Queen's University Press. 2002, p. 53.

(38) Howay F.W., Scholefield E.O.S. *British Columbia: From the Earliest Times to the Present,* Vancouver: The C.J. Clarke Publishing Co., 1913.

(39) Report to His Honour Lieutenant-Governor by the Hon. Dunsmuir and the Hon. D. M. Eberts on their mission to Ottawa as a Delegation from the Government of British Columbia, Provincial Secretary's Office, March 15, 1901, British Columbia Archives, GR441, Box 18, File 3, p. 571.

(40) Roy, Patricia. Op.cit., p. 37.

(41) いわゆる「官約移民」は、一八八五年からハワイに渡っている。

(42) 榎本武揚のメキシコでの植民地計画について、角山幸洋『榎本武揚とメキシコ植民移住』同文舘、一九八六年は詳しい。

(43) *Official Report of the Debates of the House of Commons of the Dominion of Canada.* 1903, Third Session – Ninth Parliament, vol. LVIII, Ottawa: S. E. Dawson, 1903, March 20, March 27, 1903, p. 604.

(44) Roy, Patricia. Op.cit., pp. x–xi.

(45) Barman, Jean. Op.cit., p. 107.

(46) *Journals of the House of Commons of the Dominion of Canada.* The Fourth Session of the Eighth Parliament, Session 1899, vol. XXXIV, Ottawa: S. E. Dawson, 1899, July 7, 1899, pp. 6831–6832.

(47) ジェイムス・ダンズミアは、BC州の実業家で、一九〇〇年より一九〇二年の間、BC州首相であった。

(48) Barman, Jean. Op.cit., p.121.

(49) Roy, Patricia. Op.cit., p.78.

(50) Chinese New Year Day, *Daily Colonist,* 01.02.1900.

(51) *Official Report of the Debates of the House of Commons of the Dominion of Canada.* Fourth Session – Tenth Parliament, vol. LXXXII, Ottawa: S. E. Dawson, 1907–1908, January 21, 1908, p. 1586–8.

(52) *Journals of the House of Commons of the Dominion of Canada.* The Fourth Session of the Eighth Parliament, June 5, 1899, p. 4323. 一九〇〇年に一〇〇ドルまで引き上げられた人頭税は、日本人にも適応されるという噂が広がったが、それは事実ではなかった。*Official Report of the Debates of the House of Commons of the Dominion of Canada.* Fourth Session – Tenth Parliament, vol. LXXXII, January 21, 1908, p. 1587; *Journals of the House of Commons of the Dominion of Canada.*

The Fourth Session of the Eighth Parliament, Session 1899, vol. XXXIV, March 24, 1898, p. 2441.

(53) エドワード・ゴーラ・プライヤ（Edward Gawler Prior）（一八五三－一九二〇）は、鉱山技師、後のBC州の鉱山監督官、内陸歳入監査、BC州議会議員、BC州首相であった。

(54) *Journals of the House of Commons of the Dominion of Canada.* The Fourth Session of the Eighth Parliament, Session 1899, vol. XXXIV, July 7, 1899, p. 6833.

(55) 飯野正子、高村宏子「ヴァンクーヴァ暴動に関する一考察」、前掲、二頁.

(56) 例えば、同じ時代の極東ロシアへの日本人の移住は、長崎－ウラジオストク、敦賀－ウラジオストクという定期航路ができてから活発となった。同時に各地で行われたインフラ整備は環太平洋地域の人の移動を活発化させた。

(57) 飯野正子「日英通商航海条約とカナダの日本人移民問題」『日本・カナダ関係の史的展開』日本国際政治学会、有斐閣、一九八五年、四頁.

(58) 日本外務省外交史料館、三－八－二－二〇、三二一九頁.

(59) 同上、三二一四頁.

(60) Roy, Patricia. Op.cit., p. xii.

(61) 飯野正子、高村宏子「ヴァンクーヴァ暴動に関する一考察」、前掲、二頁.

(62)「黙約」という"tacit understanding"の翻訳は、飯野正子、高村宏子による。飯野正子、高村宏子「ヴァンクーヴァ暴動からルミュー協約へ——日加間の交渉とアメリカ政府の働きかけ」、前掲、四四頁.

(63) 飯野正子、高村宏子「ヴァンクーヴァ暴動に関する一考察」、前掲、二頁.

(64) サン・フランシスコ学童隔離事件については、蓑原俊洋「一九〇六年サン・フランシスコ学童隔離事件と日米関係——排日運動の原点」『六甲台論集』法学政治学篇第四三巻第一号、神戸大学大学院法学研究会、一一九－一三九頁が詳しい。

(65) Esthus, Raymond. *Theodore Roosevelt and Japan.* Seattle: University of Washington Press, 1967, pp. 129-30.

(66) Esthus, *Theodore Roosevelt and Japan*, p. 130: Morison, Elting E. (ed.) *The Letters of Theodore Roosevelt*, vol. V, Cambridge, Mass.: The Harvard University Press, 1951-1954, pp.1168-70. により引用。

(67) Roosevelt to Lodge, May 15, 1906, Ibid., pp. 1179-1182.

(68) 日本外務省外交史料館、三-八-二-二〇-九、一六六七-八頁.

(69) Adachi, Ken. Op.cit., p. 26.

(70) Roy, Patricia. Op.cit., p. 83.

(71) 中国人・日本人移民特別調査王立委員会（Royal Commission on Chinese and Japanese immigration to British Columbia）の委員による缶詰工場のオーナーの一人への聞き取りより、Sugimoto, Howard H. *Japanese Immigration, the Vancouver Riots and Canadian Diplomacy*, New York: Arno Press, 1978, p. 82.

(72) 河原典史「太平洋をめぐるニシンと日本人――第二次大戦以前におけるカナダ西岸の日本人と塩ニシン製造業――」『立命館言語文化研究』第二二巻四号、二〇一〇年、三五頁.

(73) 同上、二七-三八頁.

(74) Adachi, Ken. Op.cit., pp. 26-27.

(75) Roy, Patricia E. Op.cit., p. 80.

(76) Adachi, Ken. Op.cit., p. 27.

(77) Ibid., p. 28.

(78) Ibid., p. 27.

(79) バンクーバーの日本人町の形成と発展及び、商店のリストとその変化について、佐々木敏二、下村雄紀「戦前のヴァンクーヴァー日本人街の発展過程」『神戸国際大学紀要』第四六号、一九九四年、二六-六七頁、佐々木敏二、下村雄紀「資料：戦前のヴァンクーヴァーにおける日本人街の発展と変容――商店を中心とした日本人動態表（一九〇八-一九四一年）」『神戸国際大学紀要』第四七号、一九九五年、九七-一七七頁が詳しい。

(80) *Daily Colonist*, 一九一〇年一月一〇日.

(81) "Japanese Offer a Practical Proof of Their Empire's Friendship". *Daily Colonist*, January 11, 1900.

(82) *Journals of the House of Commons of the Dominion of Canada*. The Fourth Session of the Eighth Parliament, Session

1899, vol. XXXIV, p. 6829.

(83) Roy, Patricia. Op.cit., p. 14.

(84) *Official Report of the Debates of the House of Commons of the Dominion of Canada.* Fourth Session – Tenth Parliament, vol. LXXXII, January 21, 1908, p. 1587.

(85) Ibid., January 21, 1908, p. 1593.

(86) Howay F.W., Scholefield E.O.S. Op.cit.

(87) *Journals of the House of Commons of the Dominion of Canada.* The Third Session of the Eighth Parliament, Session 1898, vol. XXXIII, p. 767.

(88) *Journals of the House of Commons of the Dominion of Canada.* The Fourth Session of the Eighth Parliament, Session 1899, vol. XXXIV, July 7, 1899, p. 6829.

(89) May 1905, GR 441, Box 25, File 5, British Columbia Archives, Victoria.

(90) Ibid.

(91) 例えば、ロバート・ダンズミアは政治家との関係を利用していたことが知られる。Barman, Jean. Op.cit., p. 122.

(92) May 1905, GR 441, Box 25, File 5, British Columbia Archives, Victoria.

(93) Resolution passed 15th day of May, 1905. GR 441, box 25, file 5, British Columbia Archives, Victoria.

(94) A.W.Allen to McBride, May 27, 1905, Kaslo. GR441.No. 1028. British Columbia Archives, Victoria. A.W.アーレン（A.W.Allen）はカスロ市役所の職員であった。

(95) Report to His Honour Lieutenant-Governor by the Hon. Dunsmuir and the Hon. D. M. Eberts on their mission to Ottawa as a Delegation from the Government of British Columbia, Provincial Secretary's Office, March 15, 1901, British Columbia Archives, GR441, Box 18, File 3, p. 547.

(96) *Official Report of the Debates of the House of Commons of the Dominion of Canada.* Fourth Session – Tenth Parliament, vol. LXXXII, December 1907, p. 326.

【第二章】

(97) *Official Report of the Debates of the House of Commons of the Dominion of Canada.* Fourth Session – Tenth Parliament, vol. LXXXII, January 21, 1908, p. 1608.

(98) Barman, Jean. Op.cit., p.135.

(99) Roy, Patricia. Op.cit., p. 22

(100) Huttenback Robert A. *Racism and Empire: White Settlers and Colored Immigrants in the British Self-Governing Colonies, 1830-1910*, Ithaca and London: Cornell University Press, 1976, p. 130.

(101) Adachi, Ken. Op.cit., 41.

(102) Ward, Peter. Op.cit., p. 55.

(103) "Coal Mines Regulations Amendment Bill" 英国駐箚加藤公使ヨリ青木外務大臣宛、明治三十二年二月二十二日、四四九号、外務省編纂『日本外交文書』、第三十二巻、法人財団日本国際連合協会、一九五六年、六一三-六一五頁.

(104) Ward, Peter. Op.cit., p. 55.

(105) ジョーセフ・チェンバレン（Joseph Chamberlain）（一八三六－一九一四）は、社会主義的な市政改革を主張していたイギリスの自由党の政治家で、バーミンガム市長（一八七三－一八七六年在任）、通商大臣（一八八〇－一八八五年在任）を経て、一八九五年に植民地大臣（一八九五－一九〇三年在任）に就任し、任期中はイギリスの帝国主義政策の拡大に努めていた。

(106) Witherell, Larry. Sir Henry Page Croft and Conservative Backbench Campaigns for Empire, 1903-1932. *Parliamentary History*, vol. 25, pt. 3, 2006, p. 358.

(107) 在晩香坡清水領事ヨリ都筑外務次官宛、明治三十二年一月二十四日、四四五号、外務省編纂『日本外交文書』、第三十二巻、法人財団日本国際連合協会、一九五六年、六〇五頁.

(108) Huttenback Robert A. Op.cit., p. 162.

(109) サー・チャールズ・ディルケ（Sir Charles Wentwort Dilke）（一八四三－一九一一年）は、エジプトからの引き上げと及び国内の政治改革の必要性を主張したイギリスの政治家である。
(110) Huttenback Robert A. Op.cit., p. 16.
(111) 植民地大臣及び自治領の首相の会議（Conference between the Secretary of State for the Colonies and the Premiers of the Self-Governing Colonies）は、カナダ、ニューサウス・ウェルズ、ヴィクトリア、南オーストラリア、西オーストラリア、タスマニア、ニュージランドなどの首相が参加する会議であった。
(112) Huttenback Robert A. Op.cit., p. 22. により引用。
(113) Ibid., p.169.
(114) 在晩香坡清水領事ヨリ都筑外務次官宛、明治三十二年一月二十四日、四四五号、外務省編纂『日本外交文書』、第三十三巻、法人財団日本国際連合協会、一九五六年、六〇六頁.
(115) ウィルフリッド・ローリエ（Wilfried Laurier）（一八四一－一九一九）は、第八代のカナダ連邦首相（在任一八九六～一九一一年）で、自由党所属の政治家である。
(116) Ward, Peter. Op.cit., p. 55.
(117) Huttenback Robert A. Op.cit., p. 23.
(118) Roy, Patricia. Op.cit., p. 155.
(119) チャールズ・オーグスティン・セムリン（Charles Augustin Semlin）（一八三六－一九二七）は、一八九八年八月～一九〇〇年二月に一二番目のBC州首相を務めた。
(120) *Journals of the House of Commons of the Dominion of Canada.* The Fourth Session of the Eighth Parliament, Session 1899, vol. XXXIV, July 7, 1899, pp. 6847–6848.
(121) Ibid., pp. 6831–6832.
(122) Ibid., pp. 6833–6834.
(123) Ibid., pp. 6835–6836.
(124) ジョージ・R・マクスウェル（George R. Maxwell）（一八五七－一九〇二）は、長老派教会会員でカナダの政治家、一九〇〇年から一九〇二年にかけてＢＣ州のカナダ下院議員であった。

(125) *Journals of the House of Commons of the Dominion of Canada.* The Fourth Session of the Eighth Parliament, Session 1899, vol. XXXIV, July 7, 1899, pp. 6846-6847.

(126) Ibid., p. 6851.

(127) Ibid., p. 6848.

(128) 第二次ボーア戦争（The Second Boer War）は、一八九九年九月にチェンバレンのトランスヴァール共和国に対する大英帝国臣民と完全に同等な権利を付与する要求がトランスヴァール共和国に拒否されたことを原因として、同年一二月から勃発した。この戦争は、一九〇二年五月まで続いた。

(129) *Journals of the House of Commons of the Dominion of Canada.* The Fourth Session of the Eighth Parliament, Session 1899, vol. XXXIV, July 7, 1899, p. 6849.

(130) Ward, Peter. Op.cit., p. 55.

(131) Adachi, Ken. Op.cit., p.43.

(132) 一九〇〇年六月には、保守党のリーダー、ジェイムス・ダンズミア（James Dunsmuir）（一八五一年七月八日－一九二〇年六月六日）がＢＣ州首相に選出された。彼は、実業家であり、同州最大の企業を所有し、一八九八年からはＢＣ州議会議員を務めていた。自身の企業で労働組合の創立を妨げ、様々な方法でストライキなどの従業員運動が起こらないよう最大の努力を払っていた。

(133) Ward, Peter. Op.cit., p. 56.

(134) 第一章参照。

(135) *Daily Colonist,* June 17, 1900.

(136) *Daily Colonist, June* 15, 1900.

(137) 南アフリカのナタール植民地で採択されたナタール法令（Natal Act）とは、西洋語の能力を試験（European-language test）で確認する制度を基盤とする法律であった。ジョーセフ・チェンバレン植民地大臣は、その法律の導入により、入国者の国名を明確にせずとも、アジア諸国からの移民の受け入れを避けることができると考えた。Huttenback Robert A. Op. cit., pp. 148, 166; Ward, Peter. Op.cit., p. 181.

(138) Adachi, Ken. Op. cit., p. 43.

(139) 在晩香坡清水領事ヨリ青木外務大臣宛、明治三十三年九月三日、三四〇号、外務省編纂『日本外交文書』、第三十三巻、法人財団日本国際連合協会、一九五六年、四〇一-四〇二頁.

(140) 同上、四〇二頁; Adachi, Ken. Op.cit., p. 43.

(141) Ward, W.Peter. Op.cit., p. 57.

(142) Dismuir to Laurie, 9.10. 1900. British Columbia Archives, GR441, Box 18, File 3, p. 549.

(143) Report to His Honour Lieutenant-Governor by the Hon. Dunsmuir and the Hon. D. M. Eberts, British Columbia Archives, GR441, Box 18, File 3, p. 547.

(144) Ibid.

(145) 飯野正子、高村宏子「ヴァンクーヴァー暴動に関する一考察」『津田塾大学紀要』第一三号、一九八一年、五頁.

(146) Report to His Honour Lieutenant-Governor by the Hon. Dunsmuir and the Hon. D. M. Eberts, British Columbia Archives, GR441, Box 18, File 3, p. 547-8.

(147) Ibid.

(148) D・M・アベルツー（D. M. Eberts）司法長官が同行した。晩香坡在勤清水領事より加藤外務大臣宛、明治三十四年一月十四日、五九七号、外務省編纂『日本外交文書』、第三十四巻、法人財団日本国際連合協会、一九五六年、七六六頁.

(149) Report to His Honour Lieutenant-Governor by the Hon. Dunsmuir and the Hon. D. M. Eberts, British Columbia Archives, GR441, Box 18, File 3, p. 548.

(150) Ibid., p. 547.

(151) Ward,Peter. Op.cit., p. 59.

(152) Adachi, Ken. Op.cit., p. 46.

(153) リチャード・マックブライド（Richard McBride）（一八七〇－一九一七）は、ＢＣ州の政治家で、同州の保守党の創設者と呼ばれ、一九〇三年より一九一五年の間にＢＣ州首相であった。

(154) Nosse to Laurier, 1903. 日本外務省外交史料館、三-八-二-一〇、三一一九頁.

(155) Roy, Patricia. Op.cit., p. 157.

(156) Ibid. Op.cit., p. 158.

(157) プライヤーは、不正問題を理由として、辞任した。

(158) Roy, Patricia. Op.cit., p. 160.

(159) Ibid., p. 161.

(160) Ibid., p. 155.

(161) *Official Report of the Debates of the House of Commons of the Dominion of Canada.* Fourth Session - Tenth Parliament, vol. LXXXII, January 21, 1908, p. 1593. 能勢辰五郎は、一九〇二年にモントリオール総領事代理に着任し、一九〇三年にモントリオール総領事に昇格した。

(162) 飯野正子、高村宏子「ヴァンクーヴァ暴動からルミュー協約へ——日加間の交渉とアメリカ政府の働きかけ」、前掲、四七頁.

(163) 日本人排斥問題ニ関シ「ローリエ」首相等ト面談ノ件、在モントリオール能勢総領事代理より小村外務大臣宛、明治三十六年一月三十一日、外務省編纂『日本外交文書』、第三十六巻第二冊、法人財団日本国際連合協会、一九五六年、三七一-三七二頁.

(164) Roy, Patricia. Op. cit., p. 159.

(165) 日本移民排斥ノ意無キ旨加奈陀首相確信ノ件、在モントリオール能勢総領事代理より小村外務大臣宛（電報）、一一四二号、明治三十六年三月十七日、外務省編纂『日本外交文書』、第三十六年第二冊、法人財団日本国際連合協会、一九五六年、三七三頁.

(166) Nosse to Laurier. July 7. 1903. 日本外務省外交史料館、三-八-二-一〇、三一一三頁.

（167）同上.
（168）在晩香坡森川領事ヨリ小村外務大臣宛、一一四五号、明治三十六年六月九日、外務省編纂『日本外交文書』、第三十六年第二冊、法人財団日本国際連合協会、一九五六年、三七五頁.
（169）日本外務省外交史料館、三-八-二-二〇、三一一一頁.
（170）*Official Report of the Debates of the House of Commons of the Dominion of Canada.* Fourth Session - Tenth Parliament, vol. LXXXII, January 21, 1908, pp. 1593-1594.
（171）Ibid., p. 1599.
（172）Nosse to Laurier, Jan. 20, 1904. 日本外務省外交史料館、三-八-二-二〇、三一一三頁.
（173）*Official Report of the Debates of the House of Commons of the Dominion of Canada.* Fourth Session - Tenth Parliament, vol. LXXXII, January 21, 1908, p. 1600.
（174）Ibid., p. 1601.
（175）Ibid., p. 1603.
（176）ロバート・L・ボーデン（Robert L. Borden）（一八五四年六月二六日―一九三七年六月一〇日）は、政治家であり、カナダ保守党のリーダーであった。一八九六年および一九〇四年に保守党から下院に選出されている。彼は、保守党を再建するために、一九〇七年、Halifax Programを作成し、発表した。
（177）*Official Report of the Debates of the House of Commons of the Dominion of Canada.* Fourth Session - Tenth Parliament, vol. LXXXII, January 21, 1908, p. 1604.
（178）第三章参照。
（179）*Official Report of the Debates of the House of Commons of the Dominion of Canada.* Fourth Session - Tenth Parliament, vol. LXXXII, January 21, 1908, p. 1591.
（180）Ibid., p. 1593.
（181）Ibid., p. 1587.

(182) *Official Report of the Debates of the House of Commons of the Dominion of Canada*. 1903, Third Session – Ninth Parliament, vol. LVIII, March 20, March 27, 1903, pp.265, 597–610.
(183) *Official Report of the Debates of the House of Commons of the Dominion of Canada*. Fourth Session – Tenth Parliament, vol. LXXXII, January 21, 1908, p. 1587.
(184) サー・ジョン・マクドナルド（Sir John MacDonald)（一八一五－一八九一）はカナダの政治家で、初代首相であった。
(185) 三つのカテゴリーとは、(1)帰国するカナダ在住の者、(2)在バンクーバー領事が承認したカナダに在住する者の家族、(3)認可を受けた商人と学生である（*Official Report of the Debates of the House of Commons of the Dominion of Canada*. Fourth Session – Tenth Parliament, vol. LXXXII, January 21, 1908, p. 1599)。
(186) *Official Report of the Debates of the House of Commons of the Dominion of Canada*. 1903, Third Session – Ninth Parliament, vol. LVIII, 1. March 20, March 27, 1903, p. 601.
(187) ナタールは、南アフリカに位置し、大英帝国の殖民地であった。
(188) 例えば、Huttenback Robert A. Op. cit., pp. 279–316.
(189) 木村和男『連邦結成――カナダの試練』日本放送出版協会、一九九一年、三三頁.
(190) 定期航路では商船による貿易が開始された。
(191) *Official Report of the Debates of the House of Commons of the Dominion of Canada*. 1903, Third Session – Ninth Parliament, vol. LVIII, March 20, March 27, 1903, 602.
(192) *Journals of the House of Commons of the Dominion of Canada*. The Third Session of the Eighth Parliament, Session 1898, vol. XXXIII, February 14, 1898, p. 502.
(193) Harold Parlett to Claude MacDonald, December 14, 1907, Lemieux Papers, LAC, MG27D10 vol. 5, pp. 538–539.
(194) ゴーウェン（Gowen, Robert Joseph）は、博士論文Canada's Relations with Japan, 1895–1922: problems of immigration and trade (Unpublished Ph.D. dissertation, the University of Chicago, 1966)では、日加貿易の展望について述べている。
(195) Preston to O'Hara, November 27, 1907, LAC (Library and Archives Canada), MG 27 II D 10, Lemieux Papers, vol. 4,

pp.320-327.

(196) *Official Report of the Debates of the House of Commons of the Dominion of Canada.* 1903, Third Session – Ninth Parliament, vol. LVIII, March 20, March 27, 1903, pp. 604-606.

(197) Ibid., p. 605.

(198) *Official Report of the Debates of the House of Commons of the Dominion of Canada.* Fourth Session – Tenth Parliament, vol. LXXXII, December 1907, p. 326.

(199) Ward, Peter. Op.cit., 66.

(200) Ibid., p. 59.

(201) Ibid.

(202) Ibid.

【第三章】

(203) "Parya sub ingenti"とは、ラテン語の諺で、「小さなものは大きなものの保護を受けている」という意味である。

(204) ダンズミア自身はその法案が無効化されたため、契約を結び、雇おうとしていた五〇〇人を雇わないことにした。Gowen. Op.cit., p. 167.

(205) *Official Report of the Debates of the House of Commons of the Dominion of Canada.* Fourth Session – Tenth Parliament, vol. LXXXII, January 23, 1908, p. 1859.

(206) 飯野正子、高村宏子「ヴァンクーヴァー暴動に関する一考察」『津田塾大学紀要』第三号、一九八一年、五頁.

(207) Roy, Patricia E., Op.cit.; Adachi, Ken. Op.cit. 飯野正子、高村宏子「ヴァンクーヴァー暴動に関する一考察」『津田塾大学紀要』第三号、一九八一年、一-三三頁、Sugimoto, Howard. The Vancouver Riots of 1907, pp. 92-126など。

(208) Sugimoto, Howard. The Vancouver Riots of 1907, p. 104.

(209) Ibid., p. 109.

(210) *Official Report of the Debates of the House of Commons of the Dominion of Canada.* Fourth Session - Tenth Parliament, vol. LXXXII, January 21, 1908, p. 1594.
(211) Ibid., p. 1606.
(212) King to Lemieux, November 24, 1907, LAC, MG 27 II D 10, Lemieux Papers, vol. 5, pp. 487-488.
(213) *Official Report of the Debates of the House of Commons of the Dominion of Canada.* Fourth Session - Tenth Parliament, vol. LXXXII, January 21, 1908, p. 1606.
(214) Sugimoto, Howard H. *Japanese Immigration, the Vancouver Riots and Canadian Diplomacy*, p. 190.
(215) Sugimoto, Howard. The Vancouver Riots of 1907, p. 94.
(216) 飯野正子、高村宏子「ヴァンクーヴァ暴動からルミュー協約へ――日加間の交渉とアメリカ政府の働きかけ」『津田塾大学紀要』第一四号、一九八三年、四一-七二頁.
(217) 吉田忠雄『カナダ日系移民の奇跡――移民の歴史から問い直す国家の意味』人間の科学社、二〇〇〇年、一一二頁、Sugimoto Howard. The Vancouver Riots of 1907, p. 93.
(218) Iino 1997: 31. 飯野正子、高村宏子「ヴァンクーヴァ暴動からルミュー協約へ――日加間の交渉とアメリカ政府の働きかけ」、前掲、一三-一六頁.
(219) Bryce to Grey, September 14 (Received Sept. 26), British Foreign Office Japan Correspondence, 1906-1913, FO 371/274, microfilm in the National Diet Library (Tokyo), p. 206.
(220) Ibid.
(221) Ibid.
(222) Sugimoto, Howard. The Vancouver Riots of 1907, p.124.
(223) Bryce to Grey, September 14 (Received Sept. 26), British Foreign Office Japan Correspondence, 1906-1913, p. 206.
(224) Sugimoto, Howard. The Vancouver Riots of 1907, p.124.
(225) Mr. Bryce to Sir Edward Grey (Received Sept. 26). British Foreign Office Japan Correspondence 1906-1913, p. 206

(226) Ibid.
(227) Ibid.
(228) Ibid.
(229) Sugimoto Howard. The Vancouver Riots of 1907, p 108.
(230) Ibid.
(231) King to Lemieux, November 16, 1907, LAC, MG 27 II D 10, Lemieux Papers, vol.4, p. 293.
(232) Sugimoto Howard. Vancouver Riots of 1907, p 109.
(233) *Official Report of the Debates of the House of Commons of the Dominion of Canada.* Fourth Session – Tenth Parliament, vol. LXXXII, January 21, 1908, pp. 1594–1595.
(234) Mackenzie King a Lemieux, November 24, 1907, LAC, MG 27 II D 10, Lemieux Papers, vol.5, pp. 487–488.
(235) "Mainland News tells how Japanese are brought here. Witness gives startling evidence in Vancouver riot inquiry." *Victoria Daily Colonist*, 01.11.1907.
(236) Mackenzie King a Lemieux, November 24, 1907, LAC, MG27 II D 10, Lemieux Papers, vol.5, pp. 487–488; Mackenzie King a Lemieux, November 26, 1907, LAC, MG27 II D 10, Lemieux Papers, vol.4, pp. 304–309.
(237) Mackenzie King a Lemieux, November 24, 1907, LAC, MG 27 II D 10, Lemieux Papers, vol.5, p. 488.
(238) Ibid., p. 489.
(239) Gowen, Op.cit., p. 167.
(240) 在「オタワ」能勢総領事ヨリ林外務大臣宛（電報）、一七五二号、明治四十年九月十七日、外務省編纂『日本外交文書』第四十巻三冊、法人財団日本国際連合協会、一九六一年、一八三―一八四頁.
(241) 同上.
(242) 在「オタワ」能勢総領事ヨリ林外務大臣宛（電報）、一七六二号、明治四十年九月十八日、外務省編纂『日本外交文書』第四十巻三冊、法人財団日本国際連合協会、一九六一年、一九九頁、飯野正子、高村宏子「ヴァンクーヴァ暴動からルミュー協約へ——日加間の交渉とアメリカ政府の働きかけ」、前掲、四三-四四頁.

(243) 飯野正子、高村宏子「ヴァンクーヴァ暴動からルミュー協約へ——日加間の交渉とアメリカ政府の働きかけ」、前掲、四四頁.

(244) キングは、ルミューへの書簡の中でインドからBC州に送られるインドの業者やインドの新聞でのカナダへの出稼ぎに関する案内について詳しく書き、インドでの調査についてアドバイスをしている。Mackenzie King's report to Lemieux, November 24, 1907, LAC, MG 27 II D 10, Lemieux Papers, vol. 5, pp. 487–488.

(245) Lemieux to Laurier, December 19, 1907, Lemieux Papers, vol. 6, p. 613; Lemieux to Laurier, December 23, 1907, Lemieux Papers, vol. 6, p. 680.

(246) 特使の人選については、飯野正子、高村宏子「ヴァンクーヴァ暴動からルミュー協約へ——日加間の交渉とアメリカ政府の働きかけ」、前掲、四三頁が詳しい.

(247) 付属資料1参照; *Official Report of the Debates of the House of Commons of the Dominion of Canada.* Fourth Session – Tenth Parliament, vol. LXXXII, January 21, 1908, pp. 1585–1586.

(248) 自治領カナダは、英領北アメリカ法令により、外交を行い、在外の外交施設を有する権利はなかった。飯野・高村も、ルミューの派遣が大問題であったこと指摘している。飯野正子、高村宏子「ヴァンクーヴァ暴動からルミュー協約へ——日加間の交渉とアメリカ政府の働きかけ」、前掲、四三頁.

(249) 飯野正子「日英通商航海条約とカナダの日本人移民問題」『国際政治』第七九号「日本・カナダ関係の史的展開」日本国際政治学会編、一頁.

(250) Cartwright to Lemieux, Oct 22, 1907, LAC, MG 27 II D 10, Lemieux Papers, vol. 4, p. 237.

(251) King to Lemieux, November 16, 1907, Ibid., p. 293.

(252) King a Lemieux, November 24, 1907, LAC, MG 27 II D 10, Lemieux Papers, vol.5, p. 489.

(253) 林外務大臣ヨリ在「オタワ」能勢総領事宛（電報）、一七五九号、明治四十年九月二十七日、外務省編纂『日本外交文書』第四十巻三冊、法人財団日本国際連合協会、一九六一年、一九八頁.

(254) Nosse to Fisher, 18 September 1905, no.1778. 外務省編纂『日本外交文書』第四十巻三冊、法人財団日本国際連合協会、Appendix 2, p. 215–216.
(255) Letter to Under Secretary of the Colonial Office, October 17, 1907, Public Records Office in Kew Gardens, London (hereafter cited as PRO), CO42/916, CO36736, p. 393.
(256) Draft telegram from Foreign Office to Sir C. MacDonald, 35137, Tokyo, No. 39, Oct 26, British Foreign Office Japan Correspondence, 1906–1913, p. 256.
(257) ルミューのイギリス側への不信感は、一九〇三年のアラスカとの境界線問題をめぐる衝突において、イギリスがカナダに対してではなくアメリカ側を支援したことから説明できる。
(258) Sir C. MacDonald to Sir Edward Grey (Received December 23), British Foreign Office Japan Correspondence, 1906–1913, p. 411.
(259) Laurier Papers, LAC, MG 26–G, p. 132093.
(260) Ibid.
(261) Lemieux to King, November 17, 1907, LAC, MG 27 II D 10, Lemieux Papers, vol. 4, p. 191.
(262) Ibid.
(263) Laurier Papers, LAC, MG–26, p. 132077.
(264) Sir C. MacDonald to Sir Edward Grey (*Received December 23*), British Foreign Office Japan Correspondence, 1906–1913, p. 410.
(265) Lemieux to H.E., the Governor General of Canada, November 25, 1907, LAC, MG 27 II D 10, Lemieux Papers, vol. 4, pp. 270–271.
(266) *Official Report of the Debates of the House of Commons of the Dominion of Canada*. Fourth Session – Tenth Parliament, vol. LXXXII, January 21, 1908, p. 1607.
(267) Lemieux to Lord Grey, Dec. 13, 1907, LAC, MG 27 II D 10, Lemieux Papers, vol. 5, p. 517; Memorandum, LAC, p.

132105.

(268) Lemieux a Lord Grey Dec. 13, 1907, Ibid., 5, p. 517.

(269) Sir Claude MacDonald to Sir Edward Grey (received 23 December), British Foreign Office Japan Correspondence, 1906–1913, p.411.

(270) *British Documents on Foreign Affairs: Reports and Papers from the Foreign Office Confidential Print.* Part I "From the Mid-Nineteenth Century to the First World War," Series E "Asia, 1860–1914," Ian Nish (ed.), vol. 9. *Annual Reports on Japan, 1906–13*, University Publications of America, 1989, p. 48.

(271) Memorandum by Minister Hayashi, no. 1799. Appendix 2. 外務省編纂『日本外交文書』第四十巻三冊、法人財団日本国際連合協会、二三二-二三七頁.

(272) The Return proposal by Minister Hayashi, no. 1799. Appendix 9. 外務省編纂『日本外交文書』第四十巻三冊、法人財団日本国際連合協会、二四〇頁.

(273) Lemieux a Lord Grey Dec. 13, 1907, LAC, MG 27 II D 10, Lemieux Papers, vol. 5, p. 519.

(274) Ibid., p. 520.

(275) Gowen, Robert Joseph. Op.cit., p. 165.

(276) Lemieux a Jetté, Dec. 5, 1907, LAC, MG 27 II D 10, Lemieux Papers, vol. 5, p. 415.

(277) Ibid.

(278) Lemieux a Jetté, Dec. 13, 1907, Ibid, p. 523.

(279) Lemieux a Lord Grey Dec. 13, 1907, Ibid., p. 516.

(280) Gowen, Robert Joseph. Op.cit., p. 166.

(281) Ibid., p. 166.

(282) Lemieux a Lord Grey Dec. 13, 2007, LAC, MG 27 II D 10, Lemieux Papers, vol. 5, pp. 516–522.

(283) Ibid., p. 520.

（284）Ibid., p. 522.
（285）Appendix 5. 外務省編纂『日本外交文書』第四十巻三冊、法人財団日本国際連合協会、二三二–二三七頁.
（286）Gowen, Robert Joseph. Op. cit., p. 174.
（287）Appendix, 外務省編纂『日本外交文書』第四十巻三冊、法人財団日本国際連合協会、二四一頁.
（288）Lemieux to Laurier, sent December 19, LAC, MG 27 II D 10, Lemieux Papers, vol. 6, pp. 622–623.
（289）*Official Report of the Debates of the House of Commons of the Dominion of Canada.* Fourth Session – Tenth Parliament, vol. LXXXII, December 12, 1907, p. 596.
（290）Lemieux to Laurier, sent December 19, LAC, MG 27 II D 10, Lemieux Papers, vol. 6, pp. 622–623.
（291）一年間の試用期間を短くしてもいいと考えた可能性もある。
（292）*Official Report of the Debates of the House of Commons of the Dominion of Canada.* Fourth Session – Tenth Parliament, vol. LXXXII, January 23, 1908, p. 1761.
（293）Ibid.
（294）Laurier to Lemieux, received at Tokyo, December 20, 1907, LAC, MG 27 II D 10, Lemieux Papers, vol. 6, p. 629.
（295）Laurier to Lemieux, received at Tokyo, December 21, 1907, Ibid., pp. 664–666.
（296）Lemieux to Laurier, November 18, 1907, LAC, MG 27 II D 10, Lemieux Papers, vol. 4, p. 193.
（297）Lemieux to Laurier, November 18, LAC, MG 27 II D 10, Lemieux Papers, vol. 6, pp. 192–193.
（298）Lemieux a Lord Grey Dec. 13, 2007, LAC, MG 27 II D 10, Lemieux Papers, vol. 5, pp. 520–521.
（299）Paraphrase of Telegram from Sir C. MacDonald, Tokyo, no. 53, December 1907, PRO, CO 42/916, CO 45218, p. 676.
（300）付属資料三参照。
（301）Ibid. Paraphrase of Telegram from Sir C. MacDonald, Tokyo, no. 53, December 1907, National Archives, Kew Gardens, CO 42/916, CO 45218, p. 676.
（302）Ibid; Laurier to Lemieux, telegram, received December 19, 1907, LAC, MG 27 II D 10, Lemieux Papers, vol. 6, p. 614.

ローリエは、電報の中でルミューに即座の帰国を求め、インドを訪問しないかどうかを確認している。

(303) Sir C. MacDonald to Sir Edward Grey Grey (received 25 December), 25 December 1907, British Foreign Office Japan Correspondence, 1906-1913, p. 436.

(304) Gowen, Robert Joseph. Op.cit., pp. 166-168.

(305) Ibid., p. 169.

(306) *Daily Colonist*, December 10, 1907.

(307) Ibid.

(308) Gowen, Robert Joseph. Op.cit., p. 166.

(309) Ibid.

(310) このグレーイカナダ総督の発言は、ゴーウェンの博士論文に引用されている。Gowen, Robert Joseph。Op. cit., p. 168.

(311) *Official Report of the Debates of the House of Commons of the Dominion of Canada*. Fourth Session - Tenth Parliament, vol. LXXXII, December 2, 1907, p. 32.

(312) Ibid., p.34.

(313) *Official Report of the Debates of the House of Commons of the Dominion of Canada*. Fourth Session - Tenth Parliament, vol. LXXXII, December 12, 1907, p. 595.

(314) Ibid., p. 596.

(315) Ibid., December 1907, pp. 61-62.

(316) Ibid., p. 61.

(317) 日本外務省外交史料館、三-八-二-二〇-九, pp. 1670-2.

(318) *Official Report of the Debates of the House of Commons of the Dominion of Canada*. Fourth Session - Tenth Parliament, vol. LXXXII, January 21, 1908, p.1608.

(319) Ibid.

（320）Ibid.
（321）Ibid., p. 1609.
（322）例えば、Huttenback Robert A. Op.cit., p. 185.
（323）Sugimoto H. *Japanese Immigration, the Vancouver Riots and Canadian Diplomacy*, p. 185.
（324）*Official Report of the Debates of the House of Commons of the Dominion of Canada.* Fourth Session - Tenth Parliament, vol. LXXXII, January 23, 1908, p. 1761.
（325）Ibid., p. 156.
（326）Ibid.
（327）Ibid., December 12, 1907, p. 598.
（328）Ibid., p. 599.
（329）Ibid., January 21, 1908, p. 1585.
（330）Ibid., pp. 1587-88.
（331）「黙約」という"tacit understanding"の翻訳は、飯野正子、高村宏子による。飯野正子、高村宏子「ヴァンクーヴァ暴動からルミュー協約へ——日加間の交渉とアメリカ政府の働きかけ」、前掲、四四頁.
（332）*Official Report of the Debates of the House of Commons of the Dominion of Canada.* Fourth Session - Tenth Parliament, vol. LXXXII, January 21, 1908, p. 1590.
（333）Ibid., p.1591.
（334）Ibid., pp. 1594-1595.
（335）Ibid., p. 1594.
（336）移民保護法、一八九六年、外務省編纂『日本外交文書』第二十九巻、法人財団日本国際連合協会、一九五四年、九七六-九九四頁.
（337）*Official Report of the Debates of the House of Commons of the Dominion of Canada.* Fourth Session - Tenth Parliament,

vol. LXXXII, January 21, 1908, p. 1595.

（338）Ibid., pp. 1599–1601.

（339）Ibid., p. 1607.

（340）Ibid., January 23, 1908, p. 1761.

（341）Ibid., April 27, 1908, p. 7196.

（342）飯野正子、高村宏子「ヴァンクーヴァ暴動からルミュー協約へ——日加間の交渉とアメリカ政府の働きかけ」、前掲、五七頁.

（343）Neu, Charles E. Neu, Charles E. *An Uncertain Friendship: Theodore Roosevelt and Japan, 1906–1909*, Harvard University Press, 1967, p. 196.

（344）Ibid.

（345）Esthus, Raymond. *Theodore Roosevelt and Japan, Seattle*: University of Washington Press, 1967, p. 134.

（346）五百旗頭真『日米関係史』有斐閣、二〇〇八年、三〇頁.

（347）National Archives (Washington, D.C.), RG 38. Box 1287, White to the Secretary of State, Dec. 23, 1907.

（348）Neu, Charles E. Op.cit., p. 215.

（349）Roosevelt to Root, 23 July 1907, Morison, Elting E. *Roosevelt Letters*, vol. 6, pp. 724–5.

（350）Nish, Ian H. *The Anglo-Japanese Alliance: the Diplomacy of Two Island Empires, 1894–1907*, Bloomsbury, 2012, p.364.

（351）Mr. Bryce to Sir Edward Grey, September 14 (Received Sept. 26), British Foreign Office Japan Correspondence, 1906–1913, p. 206.

（352）Morison, Elting E. *Roosevelt Letters*, vol. 6, p. 869.

（353）Neu, Charles E. Op.cit., p. 183.

（354）Lemiux to Laurier, 18.11.1907, LAC, MG26, Laurier Papers, p. 132095.

（355）Lemieux to Laurier, November 18, 1907, LAC, MG 27 II D 10, Lemieux Papers, vol. 4, p. 192.

(356) Neu, Charles E. Op.cit., 183; 飯野正子、高村宏子「ヴァンクーヴァ暴動からルミュー協約へ——日加間の交渉とアメリカ政府の働きかけ」、前掲、五二頁.
(357) MacGregor, Dawson R. *William Lyon Mackenzie King: a Political Biography, 1874-1923*, Toronto: University of Toronto Press, 1958, p. 151.
(358) 飯野正子、高村宏子「ヴァンクーヴァ暴動からルミュー協約へ——日加間の交渉とアメリカ政府の働きかけ」、前掲、五七頁.
(359) 同上.
(360) Ibid. Mr. Bryce to Sir Edward Grey, September 14 (Received Sept. 26), British Foreign Office Japan Correspondence, 1906–1913, p. 151–2.
(361) Ibid., p. 153-4.
(362) Neu, Charles E. Op.cit., p. 196.
(363) Gordon, Donald C. Roosevelt's "Smart Yankee Trick, *Pacific Historical Review*, vol. 30, 1961, p. 352.
(364) Ibid., p. 353.
(365) Neu, Charles E. Op.cit. pp. 196–197.
(366) Ibid., p. 197.
(367) 飯野正子、高村宏子「ヴァンクーヴァ暴動からルミュー協約へ——日加間の交渉とアメリカ政府の働きかけ」、前掲、五七頁.
(368) PRO, CO 92/918, p. 89.
(369) Nish, Ian. Op.cit., p. 364.
(370) Sir Claude MacDonald to Sir Edward Grey (*Received December 23*), British Foreign Office Japan Correspondence, 1906–1913, p. 410.
(371) Ibid., p. 411.

(372) 庄司潤一郎「第一次世界大戦の日本への衝撃」『戦史研究年報』第六三号、二〇〇三年、二一一頁.

(373) 西宮紘「後藤新平と日米関係」『「日米関係」再考：歴史と展望：特集』藤原書店、二〇〇二年、三〇二-三〇三頁. 後藤の日記は、『厳島夜話』として伝えられている。

(374) 同上、三〇三頁.

(375) Lemieux a Jetté, December 13, 1907, LAC, MG 27 II D 10, Lemieux Papers, vol. 5, pp. 523-526 .

(376) 一九〇八年五月、後藤新平はロシアの首都サンクトペテルブルグを訪れた。ロシア国立歴史公文書館、f. 323, op.1, d. 685, 一一七頁.

(377) 日米関係は、日本政府がグレート・ホワイト・フリートを日本に招待した一九〇八年三月に改善した。

(378) 本野一郎より加藤外相宛、大正三年九月七日、六〇二号、外務省編纂『日本外交文書』、大正三年第三冊、東京、一九六六年、六三〇-六三一頁.

(379) 同上、六三二-六三三頁.

(380) S・D・サゾーノフ外相よりA・Kh・ベンケンドルフ宛、一九一五年一月一五日、*Mezhdunarodnye otnosheniia v epokhu imperializma. Dokumenty iz arkhovov tsarskogo I vremennodgo pravitel'stva*（帝国主義時代の国際関係――帝政政府と臨時政府の公文書）、第七巻第一部、モスクワ・レニングラード、一九三五年、一四頁.

(381) Memorandum on the possibility of obtaining the assistance of the Japanese army in Europe, 14 September 1917, PRO, WO 106/5553.

(382) Stieve, Friedrich, *Isvolsky and the World War: Based on the Documents Recently Published by the German Foreign Office*, London: George Allen & Unwin Ltd. 1926, p. 12.

(383) Minger, Ralph Eldin. Taft's Mission to Japan: a study in personal diplomacy, *Pacific Historical Review*, no. 30, 1961, p. 288. により引用。

(384) 木村和男『連邦結成――カナダの試練』、前掲、三二一頁.

参考文献

未公開史料

British Columbia Provincial Archives, Royal Museum of British Columbia, Victoria, Canada, GR 441.

British Columbia Sessional Papers, UBC Rare Books and Special Collections Department, Vancouver, Canada.

British Foreign Office Japan Correspondence, 1906–1913, FO 371/274, microfilm in the National Diet Library (Tokyo).

Library and Archives Canada (LAC). Laurier Papers, MG 26 – G; Lemieux Papers, MG 27 II D 10.

National Archives (Washington, D.C.), RG 38. Box 1287.

Public Record Office (PRO), Kew Gardens, London. CO42/916, CO 92/918, WO 106/5553.

日本外務省外交史料館、三-八-二-二〇.

ロシア国立歴史公文書館、f. 323, op.1, d. 685.「後藤のサンクト・ペテルブルグへの訪問について」(“O priezde v Saint Petersburg Goto”).

刊行された史料

British Documents on Foreign Affairs: Reports and Papers from the Foreign Office Confidential Print. Ian Nish, Bourne, Kenneth and Watt Cameron (eds.). Part I. From the Mid-Nineteenth Century to the First World War. Series E, Asia, 1860–1914.

Journals of the House of Commons of the Dominion of Canada. The Third Session of the Eighth Parliament, Session 1898, vol. XXXIII, Ottawa: S. E. Dawson, 1898.

Journals of the House of Commons of the Dominion of Canada. The Fourth Session of the Eighth Parliament, Session 1899, vol. XXXIV, Ottawa: S. E. Dawson, 1899.

Official Report of the Debates of the House of Commons of the Dominion of Canada. 1903, Third Session - Ninth Parliament, vol. LVIII, Ottawa: S. E. Dawson, 1903.

Official Report of the Debates of the House of Commons of the Dominion of Canada. Fourth Session - Tenth Parliament, vol. LXXXII, Ottawa: S. E. Dawson, 1907-1908.

Mezhdunarodnye otnosheniia v epokhu imperializma. Dokumenty iz arkhovov tsarskogo I vremennodgo pravitel'stva（帝国主義時代の国際関係—帝政政府と臨時政府の公文書）、第七巻第一部、モスクワ・レニングラード、一九三五年.

Morison, Elting E. (ed.) *The Letters of Theodore Roosevelt*. Vol. V-VI, Cambridge, Mass.: The Harvard University Press, 1951-1954.

Sessional Papers. Vol. 6. Fourth Session of the Tenth Parliament of the Dominion of Canada. Session 1907-1908. Vol. XLII.

外務省編纂『日本外交文書』、第二十九巻、法人財団日本国際連合協会、一九五四年.

外務省編纂『日本外交文書』、第三十二巻、法人財団日本国際連合協会、一九五五年.

外務省編纂『日本外交文書』、第三十三巻、法人財団日本国際連合協会、一九五六年.

外務省編纂『日本外交文書』、第三十四巻、法人財団日本国際連合協会、一九五六年.

外務省編纂『日本外交文書』、第三十六巻第二冊、法人財団日本国際連合協会、一九五六年.

外務省編纂『日本外交文書』、第四十巻三冊、法人財団日本国際連合協会、一九六一年.

外務省編纂『日本外交文書』、大正三年第三冊、法人財団日本国際連合協会、一九六六年.

未公開博士論文

Gowen, Robert Joseph (1966) Canada's Relations with Japan, 1895-1922: problems of immigration and trade. Unpublished Ph.D. dissertation, the University of Chicago.

日本語文献

庄司潤一郎「第一次世界大戦の日本への衝撃」『戦史研究年報』第六三号、二〇〇三年、二〇七-二一五頁.

飯野正子、高村宏子「ヴァンクーヴァ暴動に関する一考察」『津田塾大学紀要』第三号、一九八一年、一-三二頁.

飯野正子、高村宏子「ヴァンクーヴァ暴動からルミュー協約へ――日加の交渉とアメリカ政府の働きかけ」『津田塾大学紀要』、第一四号（二）、一九八二年、四一-七二頁.

飯野正子「日英通商航海条約とカナダの日本人移民問題」『日本・カナダ関係の史的展開』日本国際政治学会、有斐閣、一九八五年.

飯野正子一九九七『日系カナダ人の歴史』東京大学出版会、一九九七年.

飯野正子『日系カナダ人の歴史』東京大学出版会、一九九七年.

入江寅次『法人海外発展史』原書房、一九四三年.

内田正熊「カナダ本邦移民制限史の一断面」『法學：法律・政治・社会』第四三巻第一号、慶應義塾大学法学研究会、三七-六九頁.

沖田行司『ハワイ日系移民の教育史』ミネルヴァ書房、一九九七年.

大原祐子『カナダ史への道』山川出版社、一九九六年.

オリーヴ・チェックランド著、杉山忠平、玉置紀夫訳『明治日本とイギリス：出会い・技術移転・ネットワークの形成』法政大学出版局、一九九六年.

河原典史「太平洋をめぐるニシンと日本人――第二次大戦以前におけるカナダ西岸の日本人と塩ニシン製造業――」『立命館言語文化研究』第二一巻四号、二〇一〇年、二七-三八頁.

木村和男『カナダ自治領の生成――英米両帝国下の殖民地』刀水書房、一九八九年.

木村和男『連邦結成――カナダの試練』日本放送出版協会、一九九一年.

サヴェリエフ・イゴリ『移民と国家――極東ロシアにおける中国人、朝鮮人、日本人移民』御茶の水書房、二〇〇五年.

佐々木　敏二&下村雄紀「戦前ヴァンクーバーにおける日本人街の発展過程」『神戸国際大学紀要』第四六号、一九九四年、

二六‐六七頁、第四七号、一九九五年、九七‐一七七頁.
シュルツ・ジョン、三輪公忠編『カナダと日本：二一世紀への架橋』彩流社、一九九一年.
細谷千博編.『太平洋・アジア圏の国際経済紛争史：一九二二～一九四五』東京大学出版会、一九八三年.
細谷千博『日米関係通史』東京大学出版会、一九九五年.
西宮紘「後藤新平と日米関係」『「日米関係」再考：歴史と展望：特集』藤原書店、二〇〇二年.
松浦充美『浦潮斯徳』東京堂、一八九七年.
簑原俊洋「一九〇六年サンフランシスコ学童隔離事件と日米関係——排日運動の原点」『六甲台論集』法学政治篇、第四三巻第一号、神戸大学大学院法学研究会、一一九‐一三九頁.
村井忠政「カナダ移民政策の歴史（上）——移民政策策定のプロセスとメカニズム」『名古屋市立大学人文社会学部研究紀要』第一〇号、二〇〇一年、二〇一‐二一三頁.
五百旗頭真編『日米関係史』有斐閣、二〇〇八年.
吉田忠雄『カナダ日系移民の奇跡——移民の歴史から問い直す国家の意味』人間の科学社、二〇〇〇年.

英語の文献

Aaronson, Jeffrey. Borderland. http://www.steinergraphics.com/pdf/catalogue-aaronson.borderland.pdf Retrieved on June 10, 2010.
Adachi, Ken. *The Enemy that Never Was: An Account of the deplorable treatment inflicted on Japanese Canadians during WWII*, McClelland and Stewart: the National Canadian Citizens Association, 1976.
Appadurai, Arjun. *Modernity at Large*, University of Minnesota Press, 1996.
Bailey Th. A. California, Japan and the Alien Land Legislation of 1913, *Pacific Historical Review*, no. 1. Washington, 1942.
Bailey Th. A. *Theodore Roosevelt and the Japanese-American Crises: An Account of the International Complications Arising from the Race Problem on the Pacific Coast*. Stanford: Stanford University Press, 1934.

Barman, Jean. *The West beyond the West: A History of British Columbia*, Toronto, Buffalo, London: University of Toronto Press, 1991.

Bennett, Neville. White Discrimination against Japan: Britain, the Dominions and the United States, 1908-1928, *New Zealand Journal of Asian Studies*, vol. 3, no. 2, December 2001, pp. 91-105.

Boddy Manchester E. Japanese in America. Los Angeles, Cal.: E.M. Boddy, 1921.

Borderlands, Ethnicity, Identity and Violence in the Shatter-Zone of Empires Since 1848. The Conference held in Marburg on 17-20.05.2007. H-Net, Retrieved on 4 July, 2010.

Bosher J.F. Vancouver Island in the Empire. *The Journal of Imperial and Commonwealth History*. Vol. 33, no. 3. September 2005, pp. 349-368.

Buckner P. and Francis D.R. "Introduction" in Philip Buckner, others (eds.) *Canada and the British World*, Vancouver & Toronto: University of British Columbia Press, 2006, pp. 1-9.

Brass P.R. *Ethnicity and Nationalism: Theory and Comparison*, New Delhi; London, 1991.

Cambridge History of Japan, Vol. 5. Cambridge, Mass.: Harvard University Press, 1996.

Chamberlain-Creanga, Rebecca A. Identity and Industrial Change on a Contested Borderland, Moldova and Secessionist Transnistria, Retrieved on 4 July 2010.

Coman, Katherine. *The History of Contract Labor in the Hawaiian Islands*. New York : Arno Press, 1978.

Coolidge Mary Roberts. *Chinese Immigration*. New York: Holt, 1909.

Conroy, Hilary. *The Japanese Frontier in Hawaii, 1868-1898*. Berkeley and Los Angeles: The University of California Press, 1953.

Conroy H., Miyakawa S. (eds.) *East Across Pacific: Historical and sociological studies of Japanese immigration & assimilation*, Santa Barbara, California: American Bibliographical Center - Clio Press, 1972.

Daniels Roger. *Politics of Prejudice: the Anti-Japanese Movement in California and the Struggle for Japanese Exclusion*,

Berkeley and Los Angeles : University of California Publications in History, 1962.

Daniels Roger. *Asian America. Chinese and Japanese in the United States since 1850*, Seattle & London: University of Washington Press, 1988.

Dickinson Frederick R. *War and National Reinvention: Japan in the Great War, 1914-1919*, Cambridge, Mass.: Harvard University Press, 1999.

Dubow, Saul. How British was the British World? The Case of South Africa. *Journal of Imperial and Commonwealth History*. Vol. 37, no. 1, March 2009, pp. 1-27.

Dulles, Foster Rhea. *Forty Years of American-Japanese Relations*, New York and London: D. Appleton-Century Co., 1937.

Esthus, Raymond. *Theodore Roosevelt and Japan*, Seattle: University of Washington Press, 1967.

Gibson Otis R. *The Chinese in America*, New York: Arno Press, 1978.

Glazer, Nathan & Moynihan, Daniel. *Beyond the Melting Pot, Second Edition: The Negroes, Puerto Ricans, Jews, Italians, and Irish of New York City*, Cambridge, Mass.: The MIT Press, 1970.

Gordon, Donald C. Roosevelt's "Smart Yankee Trick, *Pacific Historical Review*, no. 30, 1961, pp. 351-358.

Hastings, Paula. "Our Glorious Anglo-Saxon Race Shall Ever Fill Earth's Highest Place": *The Anglo-Saxon* and the Construction of Identity in Late-Nineteenth-Century Canada, Philip Buckner, others (eds.) *Canada and the British World*, Vancouver: University of British Columbia Press, 2006.

Howay F.W., Scholefield E.O.S. *British Columbia: From the Earliest Times to the Present*, Vancouver: The C.J. Clarke Publishing Co., 1913.

Huttenback Robert A. *Racism and Empire: White Settlers and Colored Immigrants in the British Self-Governing Colonies, 1830-1910*, Ithaca and London: Cornell University Press, 1976.

Johnston H.J.M. *British Migration Policy, 1815-1830: "Shovelling out Paupers"*, London: Clarendon Press & Oxford University Press, 1972.

Ichihashi, Yamato. *Japanese Immigration: Its Status in California*, Stanford: Stanford University Press, 1915.

Ichihashi, Yamato. *Japanese in the United States: A Critical Study of the Problems of the Japanese Immigrants and their Children*, Stanford: Stanford University Press, 1932.

Ichioka, Yuji. *The Issei: The World of the First Generation Japanese Immigrants, 1885-1924*, New York: Free Press, 1988.

Ichioka, Yuji. Japanese Immigrant Nationalism: The Issei and the Sino-Japanese War, 1937-1941. *California History*. Vo. 49, no. 3. San Francisco, 1990, pp. 260-311.

Iikura, Akira. The Anglo-Japanese Alliance and the question of race, in Philips Payson O'Brien (ed), *The Anglo-Japanese Alliance, 1902-1922*, Routledge Curzon, 2004, pp. 222-35.

Iino, Masako. Japan's Reaction to the Vancouver Riot of 1907, *BC Studies*, 1983-84, no. 60, pp. 28-47.

International Migrations, ed. by Walter F. Willcox. Vol. 7. New York: Gordon & Breach Science Publishing, 1969.

Inui, Kiyo Sue (1925) The Gentlemen's Agreement: How It Has Functioned. *Annals of the American Academy of Political and Social Science*, vol. 122, The Far East, pp. 188-198.

Iriye Akira. Imperialism in East Asia, in James B. Crowley (ed.) *Modern East Asia: essays in interpretation*, New York: Harcourt, Brace & World, 1970.

Iriye, Akira. The Failure of Economic Expansionism, 1918-1931, in Bernard S. Silnerman and H.D. Harootunian (eds.) Japan in Crisis: Essays on Taisho Democracy, Princeton: Princeton University Press, 1974.

Iriye, Akira. Policies towards the United States. J.W. Morley (ed.) *Japan's Foreign Policy, 1868-1941: A Research Guide*, New York and London: Columbia University Press, 1974.

Ito Kazuo. *Issei: A History of Japanese Immigrants in North America*, Translated by Shinichiro Nakamura and Jeans S. Gerard. Seattle: Japanese Community Service, 1973.

Kamikawa Hikomatsu, Kimura Michiko. *Japan-American Diplomatic Relations in the Meiji-Taisho Era*, Tokyo: Pan-Pacific Press, 1958.

Kuykendall Ralph S. *The Earliest Japanese Labor Immigration to Hawaii*, Honolulu: University of Hawaii Occasional Papers, no.25, 1935.

MacGregor, Dawson R. *William Lyon Mackenzie King: a Political Biography, 1874–1923*, Toronto: University of Toronto Press, 1958.

McKeown, Adam M. *Melancholy Order: Asian Migration and the Globalization of Borders*, NewYork: Columbia University Press, 2008.

Minger, Ralph Eldin (1961) Taft's Mission to Japan: a study in personal diplomacy, *Pacific Historical Review*, no.30, 1961, pp. 279–94.

Neu, Charles E. *An Uncertain Friendship: Theodore Roosevelt and Japan, 1906–1909*, Cambridge, Mass.: Harvard University Press, 1967.

Nish, Ian H. Japan's Policies Toward Britain, in Japan's Foreign Policy, 1868–1941 in James W. Morley (ed). *A Research Guide*, New York: Columbia University Press, 1974.

Nish, Ian H. *The Anglo-Japanese Alliance: the Diplomacy of Two Island Empires, 1894–1907*, London & Oxford: Bloomsbury, 2012.

Pooley M.A. (ed.) *The Secret Memoirs of Count Hayashi Tadasu*, Eveleigh Nash, 1915.

Reckner James R. *Teddy Roosevelt's Great White Fleet*, Annapolis, Md.: Naval Institute Press, 1988.

Rodger, Daniels. *The Politics of Prejudice: the Anti-Japanese Movement in California and the Struggle for Japanese Exclusion, Gloucester*, Mass.: Peter Smith, 1966.

Roy, Patricia E. *A White Man's Province: British Columbia Politicians and Chinese and Japanese Immigrants, 1858–1914*, Vancouver: University of British Columbia Press, 1989.

Roy, Patricia. *The Oriental Question: Consolidating a White Man's Province, 1914–1941*, Vancouver & Toronto: University of British Columbia Press, 2003.

Saveliev, Igor. "A Comparative Study of Japanese Communities in British Columbia and the Priamur Region in the 1870s-1900s,"*Forum of International Development Studies*, Nagoya University Graduate School of International Development, no. 40, 2011, pp. 79-94.

Saveliev, Igor. "A Question between Empires": the Restriction of Japanese Immigration in British Columbia and the Reassessment of Japan's Foreign Policy, 1907-1908". *Japan Forum*, Vol. 28, no.3, The British Association of Japanese Studies, 2016, pp. 299-319.

Siegelbaum, Lewis H. Chinese Migrants in the Russian Far East, *Modern Asian Studies*, vol. 12, no. 2, 1978, pp. 307-329.

Stieve, Friedrich, *Isvolsky and the World War: Based on the Documents Recently Published by the German Foreign Office*, London: George Allen & Unwin Ltd. 1926.

Sugimoto Howard H. The Vancouver Riots of 1907: A Canadian Episode, in Conroy H., Miyakawa S., *East across Pacific: Historical and Sociological Studies of Japanese Immigration and Assimilation*, Santa Barbara, CA: American Bibliographical Center-Clio, 1972, pp. 92-126.

Sugimoto, Howard H. *Japanese Immigration, the Vancouver Riots and Canadian Diplomacy*, New York: Arno Press, 1978.

Stieve, Friedrich, *Isvolsky and the World War: Based on the Documents Recently Published by the German Foreign Office*, London: George Allen & Unwin Ltd, 1971.

Tauber Irene. The Population of Japan, Princeton, New Jersey: Princeton University Press, 1958.

Thomas, William, Park, Robert and Miller, Herbert. *Old World Traits Transplanted*, Montclair, N.J.: Patterson Smith, 1971.

Toyota, Mika. Ambivalent Categories: Hill Tribes and Illegal Migrants in Thailand, in Prem Kumar Rajaram and Carl Grundy-Warr (eds.) *Borderscapes : Hidden Geographies and Politics at Territory's Edge*, Minneapolis: University of Minnesota Press, 2007, pp. 91-118.

Treat Payson J. *Diplomatic Relations between the United States and Japan, 1895-1905*. Gloucester, Mass., P. Smith, 1963.

Triadafilos Triadafilopoulos. Buiding Walls, Bounding Nations: Migration and Exclusion in Canada and Germany, 1870-1939,

Journal of Historical Sociology, vol. 17, no. 4, 2004, pp. 392-427.

Ward, Peter W. *White Canada Forever: Popular Attitudes and Public Policy Toward Orientals in British Columbia*, Montreal & Kingston・London・Ithaca: McGill-Queen's University Press, 2002.

White, John Albert. *Transition to Global Rivalry: alliance diplomacy and the Quadruple Entente, 1895-1907*, Cambridge, Mass.: Cambridge University Press, 1995.

Wimmel, Kenneth. *Theodore Roosevelt and the Great White Fleet: American Sea Power Comes of Age*, Washington and London: Brassey's, 1998.

Witherell, Larry. Sir Henry Page Croft and Conservative Backbench Campaigns for Empire, 1903-1932, *Parliamentary History*, vol. 25, pt. 3, 2006, pp. 357-381.

新聞

Daily Colonist (Victoria Daily Colonist), 1900-1908.

索　引

あ

青木周蔵　41, 51
アジア人排斥同盟（Asiatic Exclusion League）　63
アダティ・ケン（Adachi, Ken）　7, 23, 62
アムール川　22
アラスカ　97, 125
アルバータ州（Alberta Province）　92
アレクサンダー・ストリート（Alexander Street）　23

い

飯野正子　7, 8, 19, 62, 63, 67, 69
イギリス諸島（British Isles）　14
石井菊次郎　63, 64, 68, 74
伊藤博文　98, 99
移民法（The Act to regulate Immigration into BC）　49
インド　69, 86, 128

う

ヴィクトリア港　16
ヴィクトリア島　9
ウィニペグ　68
ウィルソン・チャールズ（Wilson, Charles）　48
ウェリングトン・コリアーズ（Wellington Colliers）　16, 22, 27

え

英領北アメリカ法令（British North America Act）　14, 32, 55, 124
榎本武揚　109

お

王党派（loyalists）　12
王立中国人・日本人移民問題特別調査委員会（Royal Commission on chinese and Japanese Immigration）　45
大隈重信　79, 98
オブライエン・トマス・J・（O'Brien, Thomas J.）　95

か

カートライト・リチャード（Cartwright, Richard）　47, 55, 69
外国人労働法（Alien Labor Act）31, 32
カスロ市（Kaslo）市　26, 103
カナダ北鉄道（Canadian Northern Railway）　22
カナダ太平洋鉄道（Canadian Pacific Railroad, CPR）　11, 14–16, 18, 22, 27,

29, 92
カナダ草原部（Canadian Prairies） 12, 13, 108
カナダ商業労働連合（Canadian Trades and Labour Congress） 68
カナディアン・ニッポン・サプライ会社（Canadian Nippon Supply Company） 62, 66
ガリシア人 13, 14
カリフォルニア州 16, 37, 58
カリフォルニア州議会 20, 21
河原典史 8, 9, 22
「官約移民」 110

き

キプロス 12
キューバ 93
キング・マッケンジー・W.L.（King, William Lyon MacKenzie） 65, 66, 70, 81, 87, 96, 97, 124

く

クーテネイ（Kootenay） 15, 21, 25, 103
クーテネイ・シングル・カンパニー（Kootenay Shingle Company） 24–26, 66
グランド・トランク太平洋鉄道（Grand Trunk Pacific Railway） 22, 45, 46
グリーン R.F.（Green R.F.） 48
グリディロン・クラブ（Gridiron Club） 96
グレイ・エドワード（Grey, Edward） 83, 97
グレート・ホワイト・フリート（Great White Fleet） 93, 99, 132
クロフォード・ジョン（Crawford, John） 57

け

毛皮貿易 11, 12, 108
ケナン・ジョージ（Kennan, George） 20
ケネディー・ジェイムス・B.（Kennedy, James B.） 53

こ

ゴーウェン・ローバト・ジョーセフ（Gowen, Robert Joseph） 8, 55, 81
黄禍論 86
コットレル（Cottrell） 63
後藤佐織（Goto Saori） 66, 67
後藤新平 98, 99
小村寿太郎 48, 49
コモックス 31
コルドバー・ストリート（Cordova Street） 23
ゴルドン・ドナルド（Gordon, Donald） 96
棍棒外交（Big Stick Policy） 94, 96

さ

サゾーノフS.D.（Sazonov, Sergei Dmi-

trievich） 99
サルモ（Salmo）市 26
サンクトペテルブルク 93
サンファン島（San Juan Island） 14
サンフランシスコ 93, 96, 98
サンフランシスコ教育委員会 20
サンフランシスコ日韓人学童隔離事件 8, 20, 65, 67, 110

し

シアトル 63, 64, 95 104
シアトル労働組合 64
ジェッテ・サー・ルイー（Jetté, Sir Louis） 76
ジブラルタル 12
清水精三郎 40, 41
シフトン・クリッフォード（Sifton, Clifford） 37
自由党（Liberal Party） 31, 34, 40, 46, 47, 57, 58, 90, 101, 114
植民地省（Colonial Office） 33-35, 38, 58, 68, 71
植民地大臣と自治領の首相の会議（Conference between the Secretary of State for the Colonies and the Premiers of the Self-Governing Colonies） 33, 115
人頭税 36-38, 44, 46, 47, 53, 54, 85, 87, 110

す

スキーナー・リーバー（Skeena River） 21
スギモト・ホワード（Sugimoto, Howard） 7, 62, 64, 84
スティーヴ・フリードリッヒ（Stieve, Friedrich） 100
スティーブストン（Steveston） 21
スティーブストン川（Steveston River） 21
スペイン 94
スロガン（Slogan） 26

せ

セムリン・チャールズ・オーグスティン（Semlin, Charles Augustin） 35, 36, 115

た

第一次世界大戦 99
第二次世界大戦 7
高村宏子 7, 8, 19, 62, 63, 67, 69
タフト・ウィリアム・H.（Taft, William H.） 100
ダンズミア・ジェムズ（Dunsmuir, James） 5, 16-18, 22, 27, 40-45, 59, 61, 68, 90, 101, 104, 110, 116, 121
ダンズミア・ロバート（Dunsmuir, Robert） 16, 17, 113

ち

チェンバレン・ジョーセフ（Chamberlain, Joseph） 32-35, 41, 58, 69, 87, 101, 114, 116
チャプルー・サー・J.A.（Chapleau, Sir Joseph-Adolphe） 18
「中国人移民制限に関する法令」（An Act respecting and restricting Chinese immigration） 53
「中国人移民に関する王立委員会」（Royal Commission on Chinese Immigration） 30
中国人移民法令（Chinese Immigration Act） 18
中国人街（Chinatown） 17, 18, 30, 63
中国人排斥法（Chinese Exclusion Act） 30
朝鮮 79, 88, 98
珍田捨巳 75

て

デイヴィン N.F.（N.F. Davin） 38
ディルケ・サー・チャールズ（Dilke, Sir Charles） 33, 115

と

ドイツ 52, 56, 94, 100
ドゥホボール教徒 13, 14

な

ナタール法令（Natal Act） 41, 55, 87, 116
ナナイモ（Nanaimo） 15, 21, 31

に

西宮紘 98
日英通商航海条約 32, 52, 53, 66, 68, 69, 73-76, 79-81, 87, 89, 91, 104
日英同盟 8, 64, 86, 97, 98
日加紳士協約（林・ルミュー協約） 89, 90, 99, 101
日米紳士協約 21, 99
日本移民保護法 48, 87
日露戦争 46, 93
ニュー・チャールズ（Neu, Charles） 96
ニューファドンランド（Newfoundland） 55, 56

ね

ネイティビズム（nativism） 13, 27
ネルソン（Nelson） 26

の

能勢辰五郎 8, 34, 47-53, 59, 71 ,73-75, 88, 102

は

バクナー・フィリップ（Buckner, Philip） 6

バーマン・ジーン（Barman, Jean）　9
パウウェル・ストリート（Powell Street）　23
白濠主義　52
ハッテンバーク・ロバート・A.（Huttenback, Robert A.）　30, 33
ハドソン湾会社（Hudson's Bay Company）　12, 108
ハミルトン＝ゴルドン・ジョン（Hamilton Gordon, John）　32
林董　5, 68, 71, 74–81, 83, 84, 90, 91, 95, 101, 104
ハワイ　39, 62, 66, 75, 76, 82, 87, 92, 93, 95
バンクーバー島　15, 25, 31
バンクーバー・コアール・アンド・ランド・カンパニー（The Vancouver Coal and Land Company）　17
反日韓連合　64
ハンプトン・ロード基地　93

ふ

ファウラー（Fowler）　64
フィッシャー・シドニー（Fisher, Sydney）　48–52, 55, 71
フィッパトリック・チャールズ（Fitzpatrick, Charles）　47
フィリピン　93, 95
フィルディング・ウィリアム（Fielding William S.）　47
フィン人　13
フォースター・ジョージE.（Foster George E.）　57
フォーリー・クリス（Foley, Chris）　47
フォスターF.D.（Foster F.D.）　85
ブライス・ジェイムズ（Bryce, James）　63–65, 67, 94
プライヤー・エドワード・ゴーラー（Edward Gawler Prior）　13, 14, 18, 24, 25, 27, 36–38, 45, 46, 81, 104, 110, 111
ブラジル　93
フランス　3, 94, 97–100
ブリティッシュ・コロンビア移民管理法（The Act to regulate Immigration into BC）　49
「ブリティッシュ・コロンビアへの移民を規制する法令第30号法案」(Bill No. 30 "Act to regulate immigration into British Columbia")　61
フレーザー川（Fraser River）　9, 21, 24
プレストン（Preston）　82

へ

米西戦争　93
ベリンガム（Bellingham）　64
ベルギー　52, 55, 56

ホ

ボーア戦争（Boer War）　23, 38, 58, 116
ボーシャー・J.F.（Bosher J.F.）　6, 11
ボーデン・ロバート・L.（Borden,

Robert L.） 51, 54–59, 81, 82, 84, 85, 119
ポープ・ジョセフ（Pope, Joseph） 69, 75
保守党（トーリー党、Conservative Party） 31, 40, 45, 46, 54, 57–59, 101, 116, 118
ホノルル 62
香港 12, 18
ボンベイ 12

ま

マーティン・ジョーセフ（Martin, Joseph） 40
マクインネスT.R.（McInnes, T.R.） 46, 47
マクスウェル・ジョージ・R.（Maxwell, George R.） 37, 116
マクドナルド・サー・クロード（Macdonald, Sir Claude） 5, 71–78, 83, 84, 95, 101, 104, 105
マクドナルド・サー・ジョン（Macdonald, Sir John） 54, 120
マクファーソン・ロバート・G.（Macpherson, Robert G.） 46, 47, 78, 81, 84, 85, 89, 90, 101
マクブライド・リチャード（McBride, Richard） 45, 46, 48, 90, 118
マッククック・ジョン・J（McCook, John J.） 96
マルタ 12
満州 79, 88

み

ミラー・ヘンリー・H.（Miller, Henry H.） 85

め

メキシコ 92, 110

も

本野一郎 99
森川季四郎 50
モンクF.D.（Monk F.D.） 81, 82, 85

ゆ

ユニオン・コリアーズ社（Union Collieries） 22, 25

よ

ヨーシ・フレデリック（Yoshy, Frederic） 66, 67
五百旗頭 93
横浜 19, 27, 69
吉田忠雄 63

り

リーバーインレット（River Inlet） 21
リストマン（Listman） 64
立憲政友会 79
リンドリーF.O.（Lindley F.O.） 75

る

ルート・エリフ（Root, Elihu）　94
ルミュー・ロドルフ（Rodolphe Lemiuex）　5, 8, 24, 25, 29, 53, 59, 69–84, 86–91, 95, 100, 101, 104, 105, 124

れ

レイドロー（Mr. Laidlaw）　63

ろ

ロイ・パトリシャー（Roy, Patricia）　6, 7, 62
ローズヴェルト・セオドア（Roosevelt, Theodore）　5, 20, 21, 92–96
労働規定法（Labor Regulation Act）32
労働者条例（An Act relating to the employment of works carried on under franchises granted by private acts）　49
ローリエ・サー・ウィルフリド（Laurier, Sir Wilfried）　5, 8, 32, 34–39, 42–58, 68, 69, 72, 75–82, 86, 90–91, 95, 101, 105, 115
ロシア　3, 13, 22, 93, 97, 99, 100, 110
ロッキー山脈（Rocky Mountains）　13
ロトビニエレ・ヘンリ・Gジョリー・デ（Lotbiniere, de, Henry G. Joly）　50

わ

ワシントン州労働連合　63–64

付属資料

1. From the report of the committee of the Privy Council, October 12th, 1907.

The Rt. Hon. Sir Wilfrid Laurier recommends that in view of the recent unfortunate occurrences which have taken place in British Columbia, as a result of the largely increased influx of oriental labourers into that province, and in view of the fact that there has been a treaty of Peace and Commerce between His Majesty the King and the Emperor of Japan since the year 1894 and that Canada became a party to that treaty less than two years ago, the Hon. Rodolphe Lemieux, Postmaster General and Minister of Labour, do proceed immediately to Japan to discuss the situation with His Majesty's ambassador at Tokio and the Japanese authorities, with the object by friendly means of preventing the recurrence of such causes as might disturb the happy relations which have under the said treaty existed between the subject of His Majesty the King in Canada and elsewhere, and the subjects of His Majesty the Emperor of Japan.

Source: *Official Report of the Debates of the House of Commons of the Dominion of Canada*. Fourth Session – Tenth Parliament, vol. LXXXII, Ottawa: S. E. Dawson, 1907–1908, p. 1586.

2. James Dunsmuir to Wilfried Laurier, April 29, 1907

Sir, – I have the honour to inform you that I prologued the Legislative Assembly of this province on the 25th instant, at which time I assented to a number of Bills, duplicate copies of which I am forwarding today by registered mail.

I have thought it advisable to reserve for the pleasure of His Excellency the Gov-

ernor General in Council, Bill (No. 30), an Act to regulate immigration into British Columbia.

My reasons for doing so are, that this Bill appears to be but a modified form of other Acts dealing with the same subject, which have already been disallowed by His Excellency and should it become law, might seriously interfere with our international relations and federal interests.

I have the honour to be, sir,

Your obedient servant,

(Sgd.) JAMES DUNSMUIR

Lieutenant Governor.

The Secretary of State, Ottawa

Sir Wilfrid Laurier

Source: *Official Report of the Debates of the House of Commons of the Dominion of Canada*. Fourth Session – Tenth Parliament, vol. LXXXII, Ottawa: S. E. Dawson, 1907–1908, p. 1859.

3. Memorandum by Tadasu Hayashi

Tokio, December 23, 1907

Monsieur le Ministre, –

In reply to your note of even date, I have the honour to state that although the existing treaty between Japan and Canada absolutely guarantees to Japanese subjects full liberty to enter, travel and reside in any part of the Dominion of Canada, yet it is not the intention of the imperial government to insist upon the complete enjoyment of the rights and privileges guaranteed by those stipulations when that would involve disregard of special conditions which may prevail in Canada from time to time.

Acting in this spirit and having particular regard to circumstances of recent oc-

currence in British Columbia, the imperial government have decided to take efficient means to restrict emigration to Canada. In carrying out this purpose, the imperial government, in pursuance of the policy above stated, will give careful considerations to local conditions prevailing in Canada, with a view to meeting the desires of the government of the Dominion as far as compatible with the spirit of the treaty and the dignity of the state.

Although, as stated in the note under reply, it was not possible for me to acquiesce in all of the proposals made by you on behalf of the Canadian government. I trust that you will find in the statement herein made proof of the earnest desire of the imperial government to promote by every means within their power, the growth and stability of the cordial and mutually beneficial relations which exist between our countries. I venture to believe, also that this desirable result will be found to have been materially advanced by the full exchange of views which has taken place between us, and it gives me special pleasure to acknowledge the obligation under which I have been placed by your frank and considerable explanation regarding the attitude and wishes of your government.

I avail myself, &c

(Sgn) TADASU HAYASHI

The Honourable Rodolphe Lemieux,
Postmaster General and Minister of Labour for Canada, Tokio

Source: 外務省編纂『日本外交文書』、第四十巻三冊、法人財団日本国際連合協会、一九六一年、二四〇-二四一頁。

4. Speech by Rodolphe Lemieux in the House of Commons, January 21, 1907.

Mr. Speaker, I must crave the indulgence of the House for more than a few minutes, so as to state as fully as possible the result of my mission to Japan. Before doing

so, however, I wish to declare most emphatically that none of the reports which have appeared in the press concerning the negotiations themselves, or their result, and which have unfortunately found place in the Canadian press, are accurate. Nothing has transpired of conferences which were held behind the closed doors at the Foreign Office at Tokio, and I am inclined to believe that that very secrecy is perhaps the cause of the onslaught made on the Canadian representative by the correspondent of the associated press of America. I have no apology to offer, not will I claim any credit for the silence I have kept. I simply did my duty.

The object of my mission to Japan is clearly defined in the report of the committee of the Privy Council on the 12th October, 1907. It reads as follows:

The Rt. Hon. Sir Wilfried Laurier recommends that in view of the recent unfortunate occurrences which have taken place in British Columbia, as a result of the largely increased influx of oriental labourers into that province, and in view of the fact that has been a treaty of Peace and Commerce between His Majesty the King and the Emperor of Japan since the year 1894 and that Canada became a party to that treaty less than two years ago, the Honorary Rodolphe Lemieux, Postmaster General and Minister of Labour, to proceed immediately to Japan ambassador at Tokio and the Japanese authorities, with the object by friendly means of preventing the recurrence of such causes as might disturb the happy relations which have under the said treaty existed between the subjects of His Majesty the King in Canada and elsewhere, and the subjects of His Majesty the Emperor of Japan.

The committee concurring in the foregoing recommendation, submit the same for the approval.

The House will notice that I was to discuss the situation with His Majesty's ambassador at Tokio and the Japanese authority; not with the ambassador of any other country.

Having received the above direction from council, I accordingly left Ottawa on the 23rd October, proceeded to Vancouver, B.C., where I sailed for Japan on the 29th, reaching Yokohama on the 13th November following. Before relating the negotiations which have taken place at Tokio, between the Japanese authorities, the British am-

bassador and myself, I may state briefly the causes of the anti-Asiatic agitation existing in British Columbia and which culminated in the deplorable riots of Vancouver in the month of September last. For many years past, and the beginning with the discovery of the gold mines of Cassiar and Caribou, and later on, with the construction of the Canadian Pacific Railway, what is known as Oriental labour has been gradually imported in British Columbia. Practically, it is the only province in the Dominion where any strong feeling exists against Asiatic immigration, it being the only one where were the first to come. A long as the construction work of the Canadian Pacific Railway went on, their presence was not considered so objectionable. Labour was scarce, and the speedy construction work of the Canadian Pacific Railway went on, their presence was not considered so objectionable. Labour was scarce, and the speedy construction of the new transcontinental in the mountain section, required a large number of labourers. But soon after the completion of the road, when the coolies left the railway camps to become residents of cities, towns and villages, there to complete n the field of labour connected with various industries, a strong prejudice began to manifest itself, a prejudice more or less apparent wherever the two races, Mongolian and Caucasian, have come into contact in every part of the world.

In 1884, a commission was appointed by the Dominion government consisting of the late Sir J. A. Chapleau then Secretary of State, Mr. Justice Grey of British Columbia commission, by the late Nicholas Flood Davin, who afterwards became one of the most distinguished members of the House and who prepared the very able report of that commission. That commission was to investigate and report upon the question of Chinese immigration, from its various aspects. As the result of the report of that commission, in 1885, the government of the day introduced a measure imposing a head tax of $50 on every Chinese immigrant. Later on, as the Chinese still came in large numbers, this head tax was doubled. The legislation imposing a head tax of $100 was passed in 1900. As the agitation against Asiatic labour was not abating and as exclusion was demanded, a new commission was appointed by the present government in 1900. I well remember as a younger member of the House in 1900 listening to the speeches delivered on the subject by the British Columbia members, that one

of the ablest of these speeches was delivered by the Rev. Mr. Maxwell, then a talented member of parliament. After a thorough investigation, the commission came, as regards Chinese immigrants, to the following conclusions:

Your commissioners are of opinion that the further immigration of Chinese labourers into Canada ought to be prohibited;

That the most desirable and effective means of attaining this end is by treaty supported by suitable legislation;

That in the meantime and until this can be obtained the capitation tax should be raised to $500.

As a treaty such the one contemplated by the commissioners could hardly be negotiated with China, parliament increased de novo the capitation tax from $100 to $500. Whilst it cannot be said that this head tax has stopped immigration from China, it has, however, effectually restricted it to such numbers as to cause no more alarm, and to-day there is practically no Chinese question in British Columbia.

Besides, the anti-Asiatic feeling existing in British Columbia is not directed so much against the Chinese population as against the Japanese and the Hindus. This differentiation is due to the fact that the Chinese do not assert a position of equality with the whites. They confine their activities to certain limited menial work, thus avoiding competition with the whites who look after more profitable work. They are generally in demand as domestic servants, laundrymen, cooks, labourers in clearing forest lands, market gardeners, inside workers in canneries, and above ground workers in collieries.

As already stated, the importation of oriental labour into Canada was confined to Chinese coolies. The Japanese immigrants were also coming to British Columbia, but in much smaller numbers. In the last report alluded to the commissioners expressed in th opinion that as long as the immigration to Canada did not abnormally increase, the imposition of a head tax on the Japanese might be deferred. The commissioners had been made aware of the instructions sent to the local authorities in Japan by the Minister of Foreign Affairs, which reads as follows:

Department of Foreign Affars,

Tokio, August 2, 1900.

To the governors of the prefectures –

Your hereby instructed to prohibit entirely for the time being the emigration of Japanese labourers for the Dominion of Canada or for the United States.

VISCOUNT AOKI,

Minister of Foreign Affairs.

After having recommended this policy of the Japanese government as most opportune and eliminating all causes of friction and irritation between Canada and Japan, the commissioners state:

Nothing further is needed to settle this most difficult question upon a firm basis than some assurance that the action already taken by the government of Japan will not be revoked.

That such an assurance as that suggested by the commissioners was given, at the time, is quite certain. There was, so to speak, between the Japanese authorities and the Dominion government a tacit understanding that the flow of immigration from Japan would be so regulated by the governors of the several prefectures as not to exceed a reasonable figure.

The existence of that understanding is disclosed by the many communications exchanged on this subject between His Imperial Majesty's council general in Canada, Mr. T. Nosse, and the Prime Minister. I will have to refer at some length to that correspondence, but the outstanding fact remains that the Japanese authorities so regulated the emigration from Japan as to cause no feeling of alarm in the labour marker of British Columbia.

It was only after Canada's adherence to the treaty concluded in 1894, between Great Britain and Japan, that the question of Japanese immigration became acute.

But before dealing with the student influx of Japanese immigrants in British Columbia, and its consequences, it may be of interest to state here that, until 1894, the only treaties which Japan had concluded with other nations were, owing to peculiar circumstances, one-sided, and considered by many as highly detrimental to the inter-

ests of Japan. He presence in them of provisions about extra territorial rights, tariff rates, &c., had long subjected Japan to serious material disadvantages and to a keen sense of humiliation.

I do not wish, Mr. Speaker, to the historical in the statement I have to offer the House this afternoon, but having visited Japan, having seen a little of official Japan, having read a great deal about that country, may I be permitted to state that there are in the history of modern Japan three days which must ever be born in mind. These three dates are the three landmarks of modern Japan. They are, first, the revolution which restored the emperor to the throne of Japan, after discussions which lasted during centuries, during which the authority of the emperor had been baffled by the shogunate. That revolution took place forty-five years ago. Then there was the introduction of parliamentary government in 1889, and finally what is now called in Japan the treaty revision of 1894. That treaty revision marks a new era in the history of Japan. Before that time Japan was not considered a great power but placed on the same footing as China by the powers of Europe and America. As I have already stated, the treaties of Japan with the other nations gave foreign nations in Japan, extra territorial rights. Besides, she had been obliged to give humiliating tariff rates, and indeed was subjected to keen indignity. But in 1892, the Japanese government decided that at last Japan should unshackle her bond and revise her treaties with the great powers.

For many years Japan had concentrated her efforts in the problem of what is now known as treaty revision, and every possible obstacle that stood in the way of that great goal was steadily removed. When, in 1892, this long standing affair was taken first approached, as she held larger interests than any other in the question. The negotiations bore fruit, and a revised treaty was concluded with Great Britain on July 17, 1894. The other powers followed suit. The revised treaties were put into force on July 17, 1899. Thus, for the first time, Japan gained admittance into the comity of nations on the status of equlity.

By Clause XIX of the treaty of 1894 it was made optional with Canada and other British colonies to adhere to the treaty. Article XIX of the treaty reads as follows:

The stipulations of the present treaty shall be applicable, so far as the laws permit to all the colonies and foreign possessions of His Britannic Majesty, excepting to those herein-after named, that is to say, except ten:

India, the Dominion of Canada, Newfoundland, the Cape, Natal, New South Wales, Victoria, Queensland, Tasmania, South Australia, Western Australia, New Zealand, provided always that the stipulations of the present treaty shall be made applicable to any the above-named colonies or foreign possessions on whose behalf notice to that effect shall have been given to the Japanese government by Her Britannic Majesty's representatives at Tokio, within two years from the date of the exchange of ratifications of the present treaty.

For various reasons, which I will mention later on, I was only in 1905 that by a minute of council dated September 26, that Canada became a party to the treaty.

This minute of council is based upon a report from the Secretary of State, in which he recommends:

That a cable dispatch be sent to Mr. Lyttelton advising him that the government of Canada is prepared to adhere absolutely and without reserve to the treaty of commerce and navigation made between Great Britain and Japan in 1894 and supplementary convention signed in Tokio in July, 1895.

In view of the expiration of the two years allowed by the Article XIX of the treaty of 1894 for the adhesion of British colonies, it became necessary to conclude a special convention so as to give effect to the stipulations of the treaty applicable to the intercourse of commerce and navigation between the empire of Japan and the Dominion of Canada.

The convention was signed at Tokio on January 31, 1906. It came into effect immediately after the exchange of ratifications and, as stipulated:

It shall remain in force until the expiration of six months from the day on which one of the high contracting parties shall have announced their intention of terminating it.

The treaty was submitted to and sanctioned by parliament during the session of 1907. It will be noticed by the first paragraph of Article 1 of the treaty that the Japanese are unequivocally given the same rights as any British subject in Canada. It reads as follows:

The subjects of each of the two high contracting parties shall have full liberty to enter, travel or reside in any part of the Dominions and possessions of the other contracting party, and shall enjoy full and perfect protection for their persons and property.

Before I proceeds any further, I wish to answer at once an objection which has raised by some newspapers. It was stated that the government should have accepted several years ago, namely, that Canada might adopt a policy based on the Natal Act. It has also been stated that we should have striven to obtain an arrangement with terms similar to that of Queensland. The National Act would be nothing less than a means of excluding the Japanese from Canada, and I have no hesitation in saying that it would be a most unfriendly act towards Japan. As regards the special arrangement with Queensland, it is contained in the protocol, signed in Tokio, March 16, 1897. In that protocol, Queensland, although adhering to the treaty, reserves her rights as regards the immigration of labourers and artisans. The treaty can be abrogated on six month notice. I must say that the Foreign Office at Tokio emphatically declare that Queensland has never availed herself of this protocol.

There was one reason why Canada could not at that time have an arrangement such as that of the Queensland protocol.

There was one reason why Canada could not at that time have an arrangement such as that of the Queensland protocol. The offer was made to the Canadian government, soon after 1894, to adhere to the treaty. But you will find in the minutes of council the reasons given by the Minister of Trade and Commerce and by the Minister of Customs, why Canada could not, especially in 1897, adhere to the treaty with Japan. We have just inaugurated the very wise and popular fiscal policy of the present Minister of Finance, the chief feature of which was the giving of a preference to

the mother country. It will be remembered that we had heavy battles to wage in order to obtain the denunciation of the German and Belgian treaties so as to give full benefit f the preference to the mother country. That being so, we might well hesitate before we enter into any bargain with any other nation.

Now coming to the merits of the case, let me say that, during my stay in Japan, I inquired whether the provisions of that protocol were still in existence. I was told, not only by the Japanese authorities, but by the British Ambassador at Tokio, that since Queensland had become a member of the Australian commonwealth – Australia having refused to adhere to the treaty – the correspondence exchanged at that time, between the British minister at Tokio, Sir Ernest Satow and the Minister of Foreign Affairs in England, Lord Salisbury, the former pointed out that, though Japan had temporarily agreed to the protocol with Queensland, yet at the moment any British colony should exclude the Japanese, Japan would simply give the necessary six months notice and the treaty and the protocol would be at the end. Therefore the objection counts for nothing, for the reasons I have just stated. The policy of this government has always been to let Japan herself regulate and restrict voluntarily the emigration of her subjects; any other policy would not have been successful with that nation.

Now, Mr. Speaker, before I proceed any further let me ask this question: What has been the real cause of the agitation in the province of British Columbia? It is unquestionably the unreserved interpretation of that Article 1 by some enterprising immigration companies, that has of late given rise to the agitation against Japanese immigrants in Canada. This article 1, in spite of instructions given by the Japanese government, in spite of assurances supplementing those instructions given to the Canadian government by the Japanese consul in Canada, this Article 1 has been taken advantage of by some enterprising immigration companies operating at Vancouver. In the province of British Columbia, at Tokio in Japan and in the Hawaiian Islands. I stated a moment ago that there was a tacit understanding between the Japanese government and the Canadian government. As a matter of fact, during the years which elapsed from 1900 to 1907, there was hardly any complaint from the province

of British Columbia as regards the flow of Japanese immigration. In fact, the Japanese government cannot be charged with bad faith, the Japanese government adhered to their policy of restriction, and respected pledges repeatedly given by their consul. Not only have they sent instructions to their governors, but in order to set at rest the minds of those who believed that they were intending to flood the Western coast of America with their subjects, the Japanese government passed a law known in Japan as the law for the protection of immigrants. In his very able report, Mr. Mackenzie King refers to the application of that law. The House will see at once how cautious the Japanese government are as regards the emigration of their subjects.

In 1896, I will read a synopsis, which the members of the House will find on page 4 of Mr. Mackenzie King' report:

Emigration from Japan is regulated by the general Act which gives the government power to issue instructions from time to time as to the passage of persons who may be permitted to emigrate, and under what conditions this emigration will be allowed. These instructions are issued to the governors of the several prefectures into which Japan is divided. Under this policy, emigration from Japan can take place only with the consent of the government.

I wish to draw attention to this feature of the policy of the Japanese government:

Under this policy, emigration from Japan can take place only with the consent of the foreign office issuing a passport. Without the permission of the foreign office no one can obtain the passport, and without a passport no one can emigrate. Emigration may take place upon the initiative of individuals desirous of going to another country, or at the instance of emigration companies formed for the purpose of promoting emigration. All emigration companies are under the supervision and control of the government. They are obliged to carry on their business in conformity with the Emigration Act and instructions issued by the government, and to give security in the nature of bonds that their duties will be properly discharged and the obligation placed upon them duly met.

The application of the law referred to in this report and known as the Law for the Protection of Emigrants being concomitant, if I may to speak, with the tacit under-

standing arrived at between this government and the Japanese government had the desired effect.

A little later on I will refer to the tacit understanding and will give the terms. I was saying that the application of that law, the synopsis of which I have just given, being concomitant with the tacit understanding arrived at between the Canadian government and the Japanese government, had the desired effect. First of all, it prevented any undue inflation of the labour market in British Columbia; secondly, it justified te Dominion government in refusing to give their assent to any drastic legislation adopted by the legislature of British Columbia against the subjects of a friendly power, and, thirdly, it also justified the Prime Minister in using language which I will shortly quote. We all remember that objection was taken by honorary friend the representative for New Westminster (Mr. Kennedy) to our adhesion to this treaty. It was a mild objection in this sense, that the honorary member only referred to the possible difficulties and troubles that might arise in the future as regards the large number of Japanese and oriental labourers in the province of British Columbia. The Prime Minister used the following language:

My honorary friend has brought t the attention of the house once more a question which has for many years been the cause of much agitation in British Columbia, but in every Anglo-Saxon community quite an aversion to any kind of Asiatic labour. I would, however, observe that so far as Japanese labourers are concerned, my honorary friend will agree that for the last five or six years there has been no Japanese immigration to speak of into British Columbia. Some poll tax which had been in existence for many years against Chinese immigration, we persistently refused to extent the same prohibition against Japanese immigration. The reason which we gave at that time was that Japan was an ally of Great Britain, and we could not treat the Japanese as we had treated the Chinese population. This was accepted by British Columbia itself, and I may say that our task in that respect was made easy because the Japanese government has restricted the immigration of their own people. At the present time the Japanese government does not allow immigration from its own provinces, with the exception of a very few from each province. I think it is not more

than four or five from each province, that is all that the Japanese permit to leave the Empire of Japan, and therefore, practically there has been no emigration to British Columbia from that country.

That was on January 15 of last year. Thus, on the faith of that tacit understanding, and after that statement officially made by the Prime Minister in Parliament - not only honorary gentlemen who sit at your right, Mr Speaker, but honorary gentlemen who sit on your left - sanctioned unanimously the treaty with Japan. It is in that light that Canada's unreserved and absolute adhesion must be read. Our expectations that Japan would not avail herself of the letter of article 1 of the treaty were, however, disappointed. No sooner had the treaty been passed, no sooner had it been mooted in public that Canada had adhered unreservedly and unconditionally to the treaty than suddenly for causes which we know too well, the flood-gates were thrown open wide and oriental immigration began to pour into the province of British Columbia. It poured from two different sources, first, from Japan direct, and, second, from the islands of Hawaii. Some of the immigrants came to Victoria and Vancouver as bearers of permits to Canada, some others came with permits for Hawaii only, some others came with permits for the United States only, and many of them came without any permits at all claiming their rights under the treaty.

Let me give this House a few figures. During our fiscal year 1904-5, that is to say, from the first July 1904 to the thirtieth June 1905, three hundred and fifty-four Japanese arrived in Canada. From the first July 1905 to the thirtieth June 1906, one thousand nine hundred and twenty two Japanese arrived. In 1906, the beginning of the fiscal year was changed from July first to August first. In the six months, from the first of July to the thirty-first of December, two thousand two hundred and thirty-three Japanese arrived and from the first of January to the thirty-first of October 1907, eight thousand one hundred and twenty-five Japanese arrived in the Dominion, thus showing an exceptionally large and progressive increase.

Sir, the first question that we must ask ourselves is: Who was responsible for that large influx of labour? I answer without any hesitation that the Japanese government themselves are not responsible for the violation of the understanding existing be-

tween the two countries. No charge of bad faith can be made against them. The parties responsible are mentioned in the report prepared by Mr. Mackenzie King and which was distributed to members of this House last night. The parties responsible were the members of an imaginary company existing at Vancouver and having some ramifications in Japan and another firm operating from the Hawaiian islands.

They are in the report. Speaking again of the responsibility of the Japanese government I wish to impress the House with this fact – I cannot state it too often – that the Japanese government are opposed to any such immigration from Japan. For economic reasons, the Japanese government are not anxious to see their subjects coming in such large numbers to America. We all know that the sphere of influence of Japan today in the far east is Korea and Manchuria, and the Japanese government are doing their utmost to channel immigration and colonization towards Korea and Manchuria. Every Japanese subject who comes to America or Canada is decided loss to treasure of Japan, and I cannot repeat too strongly, Mr. Speaker, the Japanese government cannot be charged with bad faith. They are not responsible for the large and sudden influx of October last.

I have already explained that the most objectionable oriental labour in British Columbia is not the Chinese labour. The most objectionable and for totally different causes are the Japanese and the Hindoos. It is rather a compliment, as my honorary friend from Nanaimo (Mr. Smith) said the other day, to the Japanese to say that they are more objectionable than other oriental labourers in British Columbia, and Mr. Speaker, it is easy to understand the compliment. The Japanese in British Columbia do not confine their activities to mental work.

The strong objection against the Japanese is owing to the fact that they enter into closer competition with white labour than the Chinese. The consensus of opinion is that they are keener competitors against the workingman, as they have more energy and more independence than others. The Japanese are employed n the fisheries and in the lumber industries, and occupations incidental to these, such as boat building and getting out shingle boats, cord wood, &c. They are also employed in the mining industry, on railways, in sealing, as domestic servants, in farming, land clearing and

market gardening, and as tailors. Many are also employed as waiters at hotels. Some of them, and not a few, are also engaged in business. As I have already stated, this sudden influx of Japanese immigrants was brought about by the combined action of enterprising emigration companies, who operated at Vancouver and Tokio. By referring to Mr. King's report, the House will see that there was one large company, having headquarters at Vancouver, which, working in conjunction with another firm at Tokio, was engaged in bringing Japanese labourers under contract direct from Japan. Another firm was working at Honolulu, but its work was distinct from that of the Vancouver company. I need not dwell at any length on the modus operandi of these various companies. My deputy minister, Mr. King, in his very able report, shows clearly how their combined efforts at Vancouver, Tokio and Honolulu, brought about the crisis in British Columbia. To prevent the recurrence of such influx in the future, and to revert by friendly means to the understanding which had heretofore existed between Canada and Japan, was the chief object of my mission.

Let me now describe as graphically as possible the state of public opinion in British Columbia. That there is in that province, as well, as in some of the western states of the American Union, a strong prejudice against the Asiatics in general, is too obvious. The increased membership of the Exclision Leagues at Vancouver, Seattle, San Francisco, the dissemination of anti-Asiatic literature, and the several riots that have taken place during the last few months, clearly indicate the existence of an organization, the influence of which cannot be over-estimated. Whilst it may be argued that the present agitation in British Columbia as the outcome of - on one hand - the greed of employers who import cheap labour, and on the other, the resentment of labour unions, who, as a result, clamour against the lowering of wages, yet it must be borne in mind that the interests at stake in the Asiatic immigration problem are far more serious, far more complex, than the quarrel between the unions and the corporatiors.

I have already stated tht the anti-Asiatic prejudice has always asserted itself wherever Mongolian and Caucasian had come into contact. More especially, in an Anlo-Saxon community like ours, where democratic institutions prevail, the introduction

in large numbers of alien races not familiar with our principles of self government, cannot but itself, be fraught with danger. One must bear in mind that there are now over 25000 Asiatics in British Columbia, practically all of whom are male adults. There are about 75000 male adults of the white race in the province. So that, of today, every fourth man in that province competing for a living is an Asiatic, are not the reasons for effectual restriction far more compelling than one would at first imagine? These orientals belong to a civilization developed through the centuries, along lines and totally and radically different from ours. There is a well nigh impassible gulf between the two. On the other hand, a circumstance which makes this question still more complex and exceedingly difficult to handle, is the fact that the stream was started by our own people. Otherwise, the orientals would have found no employment in Canada. It is the difference of interests between labour and capital that these races enter in, and it is by the virtue of that difference that tremendous economic weight of their industrial efficiency is brought to bear upon the whole industrial system of British Columbia. It is a truism in political economy that men can work fourteen and fifteen hours a day, who live with a frugally of which we have no conception, must prove formidable competitors in the field of labour. Be that as it may, the fact remains that British Columbia object to a vast alien colony (exclusive, inscrutable, unassimilative, with fever wants, and maintaining intact their peculiar customs and characteristics, ideals of home and family life, with neither the wish nor the capacity to amalgamate) which gradually by the more pressure of number may undermine the very foundations of their province. They have to safeguard the future and the distinctiveness of their race and civilization, and in their passionate and unalterable conviction, they cannot be protected unless the free ingress of orientals is restricted and regulated. As in every Anglo-Saxon community, there exists a deep-seated popular determination to exclude from even the sparsely settled territories, the concentrated masses of the orient.

Such are the economic factors coupled with race antipathy and incompatibility of ideals, that are at the bottom of all agitation against the influx of oriental labors.

There are, Mr. Speaker, two sides to every question. I have dwelt briefly upon the

strong racial prejudice that exist against the presence of Asiatic labour in British Columbia, as well as in all white communities, and it is only fair that I should not endeavour to sum up in few lines the result of my investigation as regards public opinion in Japan on that vexed question. In doing this, I am merely enunciating in the briefest, and perhaps crudest form, such views as were expressed to me, privately and publicly in unofficial circles. Being a proud and sensitive people, the Japanese cannot admit that such racial prejudices will last for ever. Japan, they say, owes her recognition by the nations of the world, to her successful wars and the proof of military and naval power which she has displayed. But, above all, they claim that her own form of government, her educational progress, should be an object lesson to dispassionate and fair-minded observers; that her standard of civilization are on a par with those of western nations. Japan can not, will not and must not be expected to give away the rights which belong to her subjects as units of a nation claiming and deserving to receive at the hands of western countries the consideration that marks their intercourse with one another.

But what they regard as the crux of their grievance against not only Canada, but, even to a greater extent, the United States is this: America admits immigrants from Europe and refuses or proposes to refuse to admit those from Japan. This, they claim, in not only unfair in itself, but is a flagrant contravention of the treaty in which they are guaranteed equal treatment with that accorded the subjects of all other countries. They cannot well refrain from viewing this as an aspersion on their nationality, and consequently will not be satisfied until this discriminatory treatment is removed. From a purely business point of view, the Japanese naturally deplore that such unfortunate incidents as the Vancouver riots should be allowed to occur, as it is most certainly to be feared that unless they are speedily prevented, the ill-feeling which their countrymen are now constrained to harbor against the people of a single section, may finally have an unhappy effect upon the development of commercial relations between the two countries.

They use another argument which seems to me to be very eloquent indeed. They say that in 1853, when Commodore Perry came to Japan, he invited Japan to open

her gates to foreigners, and that she would gain admittance to the comity of civilized nations only on condition that she would have free intercourse with all their people. They say: "We had many revolutions; we had bloodshed in the streets of Tokio, Kioto, Kobe and Nagasaki. Many refused to admit foreigners, but the central authority, listening to the advice of the western nations, open the gates of Japan. Today the very people who gave us that timely advice fifty years ago, are refusing to open their own gates to our people They say further; Japan is a favored country; we have the broadest form of toleration; our constitution allows any minister of a Christian church to come to Japan and enlist the Japanese people in its ranks. We listen to ministers of the Gospel. We know from what we hear that Christianity is a religion of love and charity. Is it love, is it charity, which is being taught in America against the Japanese? They say all these things, Mr. Speaker, and when one listens to such argument, one is silent.

Let me now refer, Mr. Speaker, to the understanding which existed between the Canadian government and the Japanese government prior to 1907. Before I proceed to fully acquaint the House with the negotiations which have taken place at Tokio, I wish to refer for a moment to assurances given by Mr. Nosse, Consul General of Japan, of a voluntary restriction of the part of his government. These assurances are subsequent to the instructions of the 2nd August, 1900, given by Viscount Aoki, Minister of Foreign Affairs.

The letters and telegrams addressed by His Imperial Majesty's Consul General to the Prime Minister, on various occasions, establish beyond the shadow of a doubt the existence of a system of voluntary restriction on the part of Japan. A brief synopsis of Mr. Nosse's correspondence bearing on this point naturally finds its place here.

In a letter dated Montreal, February 3, 1903, Mr. Nosse answers as follows, a query made by the Prime Minister about the number of Japanese who are allowed to emigrate each year:

In answer to your inquiry as to why so large a number of Japanese were allowed to emigrate to Canada during the last year or so, I beg to say that the Japanese government has been restricting for more than the last two years, the issuing of new

passports to all intending emigrants to Canada. It is total and absolute restriction, and there is not any limited number allowed for each year as you have stated. The only Japanese who are allowed to leave Japan under the present system, for Canada are:

1. Those who hold passports and also certificates for the Japanese consul at Vancouver certificates for the Japanese consul at Vancouver certifying that they are residents in Canada and only returning to Canada.
2. The families of Japanese residents in Canada coming out to join them, upon approval of the Japanese consul in Vancouver.
3. The merchants and students duly certified.

On the 5th February, 1903, the Prime Minister again made inquiries of Mr. Nosse, to ascertain what regulations are made by his government as to the number of Japanese allowed every year to emigrate from Japan to Canada. He answers as follows in a letter dated Montreal, February 6, 1903:

I beg leave to state that prior to the fall of 1900, the number of her passports issued to Japanese emigrants for Canada used to be about fifty per month, but since then the Japanese government have wholly stopped the issuance of new passports to any intending emigrants for Canada, under a provision of the Emigration Protection Law, and no passports are, therefore, issued at present, to the new emigrants except to the merchants, students and tourists duly justified. It is, therefore, practically the total restriction, on the part of the Japanese government of the emigration of their people to Canada. The system is most rigidly observed in Japan, as every passenger is examined on board the steamer prior to her departure, and those who are found without passports are ordered back on shore by the police authorities, under the penalty of heavy fine.

On February 2, 1903, Mr. Nosse writes as follows, from Montreal:

I have the honour of transmitting to you herewith inclosed, the list of Japanese ar-

rivals in British Columbia for the months of November and December 1902. I beg to call your special attention to the considerable decrease in the arrivals in British Columbia of Japanese who intend to stay there permanently, the proof of the Japanese government strictly observing their policy towards the emigration of their people into this country. I regret to note, however, that there was an unusually large number of Japanese arrivals at Vancouver from the Hawaiian islands through the notoriously dishonorable work of an American concern there, but I am glad to say that by the combined efforts on the part of the Japanese consuls at Vancouver and Honolulu, the practice was timely stopped. As you may understand through the newspaper cuttings herein inclosed, I am informed by the Japanese consul at Vancouver that these passengers were ordered to leave British Columbia for the United States, where they originally expected to go, but not to British Columbia.

In the lists referred to in the above letter, it appears that 255 Japanese had arrived at Vancouver and Victoria in November 1902 and 261 in December, 1902.

The next communication from Mr. Nosse to the Prime Minister is in the form of a telegram, dated Montreal, March 30, 1903. It reads as follows:

In answer to my cablegram to the Imperial Japanese government advising them to continue the policy of restricting their people emigrating in any large number into British Columbia, I have received a cable instruction to the effect that I have to give your government the renewed assurance that the Japanese government are not desirous of forcing their people into British Columbia against the wish of the province; and that they are willing to enter into an agreement with your government by which they may bund themselves, if their present policy of rigid restriction is not deemed satisfactory to your government.

(Signed) T. NOSSE

Consul General of Japan

In a letter dated Montreal, July 18, 1903, he says:

I have the honour of assuring you once again that the Japanese government is not disposed to issue the passports any more than necessary. Any number of new permits under 200 per annum cannot be said to be very large, considering the fact that in their number not only the wives and children of the old residents, but also merchants and students and even the consul and his family are included.

On the 13th August, 1903, Mr. Nosse transmits a statement showing the number of passports issued by the Japanese government for emigrants to Canada in the years (1901, 1902, 1903) and he adds:

In this table, you will please notice that during last three years, the number of passports issued has not exceeded 200, and not a simple permit was given to an immigrant.

In a letter dated Montreal, March 19, 1904, Mr. Nosse informs the Prime Minister that has served His Excellency the Governor General with an official protest on behalf of his government against the reenactment of a British Columbia Immigration Act and he adds:

My personal explanations to you at our last interview, I trust, have convinced you that the Japanese government has been faithful to her promises and the people in British Columbia have no real cause for agitation.

He concludes by asking the disallowance of the Act. In his answer of the 21st of the same month, the Prime Minister says:

I told you at our last interview that the government of Japan had fulfilled their engagement towards us and that on our side, we should act accordingly.

In a letter dated Ottawa, May 9, 1905, Mr. Nosse tenders thanks on behalf of his government for the prompt measures taken by the Dominion government in disallowing British Columbia legislation, and he adds:

Whilst trusting in the Canadian government's justice and good faith, the Japanese government will always adhere to their policy of voluntary restriction on their people emigrating to British Columbia.

Can anything be clearer than these assurances given the Canadian government by the Japanese government through its consul general?

Now comes another feature. On September the 18th, 1905, six or seven days before this government acceded to the treaty with Japan, which they did by minute of council passed on September the 25h, or 26th, 1905, Mr Nosse wrote to my honorary friend the Minister of Agriculture (Mr Fisher). I must state the circumstances under which that letter was written. The Canadian government had decide to accede to the treaty with Japan, subject however to certain restrictions concerning (1) coastwise navigation, and (2) immigration.

Having learned that such conditions would be asked by the Canadian government, Mr. Nosse wrote a letter in which he stated amongst other things, that:

The emigration will be always restricted voluntarily by Japan, and I do hope very much that Canada will depend on our good faith and will not try to put any restrictions by right of treaty.

This letter was communicated to council and as it contained an assurance of 'voluntary restriction' and a 'pledge of good faith', the government adhered to the treaty unreservedly.

That letter was sent on September 18, 1905. The treaty was adhered to by minute of council September 25 or 26, if I remember well.

But at all events, the important point is this – that the letter written by Mr. Nosse containing that unqualified assurance on behalf of his government, and pledging the good faith of the Japanese government was anterior to the minute of council adhering to the treaty. The first minute of council, which was discussed and which was about to be passed when the reservations regarding the coastwise navigation and restriction of immigration was, perhaps, the minute of council of September 25th. But my point is that this letter was given between that first minute by which Canada adhered to the treaty. You will observe, Mr. Speaker, that beginning with the letter of Viscount Aoki of August 2, 1900, until this letter of Mr. Nosse, pledging the good faith of his government, the chain of assurances is perfect.

Source: *Official Report of the Debates of the House of Commons of the Dominion of Canada*. Fourth Session – Tenth Parliament, vol. LXXXII, Ottawa: S. E. Dawson, 1907–1908, pp. 1585–1601.

著者紹介

サヴェリエフ・イゴリ（Igor Saveliev）

1995 年 4 月にサンクト・ペテルブルグ国立大学大学院において Ph.D.（歴史学）取得。1998 年に名古屋大学大学院国際開発研究科博士課程単位取得退学。2003 年に同研究科学術博士号取得。新潟大学人文学部助教授と名古屋大学大学院国際開発研究科助教授・准教授を経て、名古屋大学大学院人文学研究科准教授。

主著

1. *Kitaitsy na Belom more: Istoriia tyudovoi migratsii, 1915-1919 gody*（『白海における中国人――労働移民の歴史、1915-1919 年』），ソユーズ・デザイン社、2017 年 .
2. 『移民と国家――極東ロシアにおける中国人、朝鮮人、日本人移民――』，御茶の水書房、2005 年 .
3. *Iapontsi za okeanom : Istoriia iaponskoi emigratsii v Severnuiu i Iuznuiu Ameriku*（『太平洋を渡った日本人――北南米への日本人移住の歴史――』）、ペテルブルグ東洋学センター出版社、1998 年.
4. “A Question between Empires”: the Restriction of Japanese Immigration in British Columbia and the Reassessment of Japan's Foreing Policy, 1907-1908, *Japan Forum*, vol. 28, no. 3, 2016, pp. 299-319.
5. Mobility Decision-Making and New Diasporic Spaces: Conceptualizing Korean Diasporas in the Post-Soviet Space, *Pacific Affairs*, vol. 83, no. 3, 2010, pp. 481-504.

自治領時代《じちりょうじだい》カナダの政治《せいじ》と日本人移民《にほんじんいみん》

2019年 9 月30日　第 1 版第 1 刷発行

著　者　サヴェリエフ・イゴリ
発行者　橋　本　盛　作
発行所　株式会社御茶の水書房
〒113-0033　東京都文京区本郷5-30-20
電話　03-5684-0751
印刷・製本／モリモト印刷（株）

Printed in Japan

ISBN 978-4-275-02116-8　C3036